Andreas Kieling

Riesenbären

Andreas Kieling
unterwegs
zu den letzten
großen
Bären Alaskas

KOSMOS

Inhalt

Auf den Spuren der Riesenbären

Wie alles begann

Bären faszinieren mich seit ich denken kann. Meinen ersten sah ich im Leipziger Zoo: einen großen Braunen mit trüben Augen. Er schien mir gewaltig, und ich stand lange, um seine Bewegungen zu beobachten: wie er die länglichen, so weich und geschmeidig wirkenden Tatzen aufsetzte, leicht nach innen gedreht. Wir Kinder hätten gesagt: „Der geht über den großen Onkel." Seine langen Krallen schürften über den Betonboden des Freigeheges. Ein hartes Geräusch, das in merkwürdigem Gegensatz zu allem Weichen an ihm stand. Ab und zu fing ich einen kurzen Blick von ihm auf – aus klein wirkenden Augen in einem Riesenkopf. Aber ich schien ihn überhaupt nicht zu interessieren.

Was würde ich dafür geben, dachte ich damals, so ein Wesen in unverdorbenem Zustand einmal in Freiheit zu treffen! Dort, wo es zu Hause ist. Wie gerne wäre ich da unterwegs, wo dieses Tier lebt! Ein wilder Bär, der aus einer Welt zu stammen schien, die ich nur aus den abenteuerlichen Büchern Jack Londons kannte.

Ein gefährlicher „Räuber"?

35 Jahre und etliche Bären-Begegnungen später machte ich mich auf die Suche nach den letzten Riesengrizzlys Alaskas. Diese größten Landraubtiere der Erde rauben genauso viel oder genauso wenig wie jedes andere Lebewesen, das sich ernährt und zu diesem Zweck andere Wesen tötet. Beim Grizzly sind es sogar überwiegend Pflanzen.

Ob an der Küste oder nahe der großen Flüsse, im Landesinneren, in der Tundra oder bei den Inlandsgebirgen: So unterschiedlich ist das Nahrungsangebot, auch an verfügbaren Beutetieren, der dort lebenden Bären. Es reicht von proteinhaltigen Lachsen und Forellen bis hin zur Anpassung an überwiegend vegetarische Kost.

Vor sieben Jahren startete ich meine erste Bärensuche, erst mit dem Wasserflugzeug, dann weiter mit dem Schlauchkanu.

Menschen bringen Begriffe wie Räuber oder Raub ins Spiel, weil die meisten „Raubtiere", ob nun Bär oder Löwe, Tiger oder Weißhai, Alligator oder Seeleopard, rein körperlich in der Lage sind, den Menschen selbst als Beute zu betrachten, auch wenn sie seinen Geschmack nicht sonderlich schätzen. Außerdem entsetzt die Aussicht, Beutetier statt Jäger zu sein, sicherlich die meisten von uns. Was den Bären angeht, ist Alaska ein Land, wo man die grundsätzliche Verletzlichkeit des Menschen noch sehr direkt erleben und am eigenen Leib spüren kann.

Bedrohte Bären

Wer in unserer modernen Welt allerdings der Bedrohte ist und wer der Räuber, ist ganz unabhängig davon schon lange klar und durch wissenschaftliche Zählungen belegt: In den 48 „lower states" der

Vereinigten Staaten von Amerika, also mit Ausnahme von Hawaii alle Staaten südlich Alaskas, leben heute nicht mehr als 800 bis 1000 Grizzlys.

Als zu Anfang des 19. Jahrhunderts die beiden weitsichtigen Prospektoren, Captain Meriwether Lewis und Leutnant William Clark, den Landweg vom besiedelten Osten der USA zum noch unbesiedelten Westen, zum Pazifik hin, erkundeten, fanden sie eine mächtige Grizzly-Population. Sie lebte auf dem Areal des späteren Staates Idaho, im östlichen Vorland der Rocky Mountains, dem waldreichen Übergang von der weiten Prärie zum Hochgebirge.

Bis der Mensch in Massen einwanderte, hatten schätzungsweise 50000 Grizzlys im gesamten Westen der USA – Alaska war damals noch russisch – ihren Lebensraum. Der kleine Rest von Nachfahren konzentriert sich heute auf das Gebiet des Yellowstone-Nationalparks, der letztlich auf eine frühe Anregung von Lewis und Clark hin etabliert wurde und der älteste der USA ist. Rund um diesen Park, in den Wäldern Wyomings und Montanas, sofern sie geschützt sind, leben auch noch einige wenige. Der Mensch hat also den Bären massiv verdrängt.

Umgekehrt wurden, so dokumentierte der Biologe Stephen Herrero, einer der gründlichsten Beobachter von Zwischenfällen mit Bären in Nordamerika, im gesicherten Beobachtungszeitraum von 85 Jahren des vergangenen Jahrhunderts nur selten Menschen durch Bären verletzt: durchschnittlich weniger als einer von 2,2 Millionen Nationalpark-Besuchern jährlich. In ganz Nordamerika, schätzt Herrero, leben heute 600000 Schwarzbären und 60000 Grizzlys. Zwischen 1990 und 1999 wurden in den USA und Kanada 18 Menschen durch Grizzlys und elf durch Schwarzbären getötet, während zwischen 1977 und 1998 250 Menschen durch Hunde tödlich verletzt wurden. – Soweit die Zahlen. Aber unser steinzeitliches Entsetzen vermittelt nach wie vor ein anderes Bild.

Das **Reich** der Riesenbären

Will man die größten Vertreter der Braunbären finden, gibt es weltweit nur zwei Regionen, die dafür Gewähr bieten: Alaska und die an Sibirien anschließende, große Halbinsel Kamtschatka. Nur in diesen beiden Gegenden übertreffen die Vertreter der am weitesten verbreiteten Bären-Art, der Braunbären, diejenigen der durchschnittlich größten Bären-Art, der Eisbären oder Polarbären.

Auch wenn Sibirien für mich persönlich einen großen Reiz hat, vielleicht auch eine Zukunft als Naturfilmer, habe ich bisher den nördlichsten und größten US-Bundesstaat der russischen Halbinsel auf der anderen Seite der Bering-See vorgezogen.

Alaska liegt zu einem Drittel nördlich, zu zwei Dritteln südlich des Polarkreises und gibt ungefähr 31 000 Braunbären Lebensraum. Das Revier eines einzigen Grizzlys kann eine Fläche von 20 mal 25 km bedecken. Nur das dünn besiedelte Alaska, das mit seinen 1,5 Millionen km² in der Größe ein Fünftel aller anderen US-Staaten zusammen ausmacht und das – außer in Goldrausch-Zeiten – nie wirklich für Siedlermassen attraktiv gewesen ist, gibt den Grizzlys Platz und Ruhe vor den Menschen.

In unser vorgefasstes Bild von einem Raubtier scheinen Bären als vorwiegende Pflanzenfresser nicht zu passen. Die meisten Tiere ernähren sich allerdings zu über 80 % von pflanzlicher Kost. Generell sind Bären Nahrungsopportunisten, die jede sich bietende Ressource nutzen.

Mein bisher spektakulärster Fund: ein Höhlenbärenschädel *(Ursus spelaeus)*, 10 000–15 000 Jahre alt.

Die alte Schwarz-Weiß-Aufnahme zeigt einen der größten Braunbären, der jemals geschossen wurde, vermutlich auf dem Kodiak-Archipel in den 30er oder 40er Jahren.

Kodiak Island

Die größten Grizzlys leben bekanntermaßen auf der Insel Kodiak und werden nach eben dieser Insel Kodiak-Bären genannt. Die kleine Stadt Kodiak auf Kodiak Island, der größten und gewissermaßen ersten Insel der ungefähr 2 000 km langen und fast bis nach Sibirien hinüberreichenden Kette der Aleuten, entwickelte sich aus der ersten russischen Niederlassung in Alaska. Die Russen, die hier siedelten und Pelzhandel betrieben, haben viele Spuren hinterlassen, ob in der russisch-orthodoxen Kirche auf Kodiak oder in einigen der Ureinwohner Alaskas, den Aleuten, die auf der gleichnamigen Insel-Kette wohnen, russische Namen tragen und russisch-orthodoxen Glaubens sind.

Als der Jagdtourismus in den 30er Jahren des vorigen Jahrhunderts einsetzte, wurden auf Kodiak Braunbären erlegt, die aufgerichtet 4 m Größe und ein Gewicht von 1 000 kg erreichten. Es ist nicht sicher, ob es solche Giganten heute noch gibt, vielleicht hat sie nur noch niemand entdeckt.

1997 gab es dann wieder einen „Beweis", dass sie noch existent sind. Goldprospektoren fanden ein Bärenskelett von unglaublicher Größe. Das Tier musste aufgerichtet an die 4 m groß gewesen sein und damit deutlich schwerer als 1 000 kg. Sehr lange konnten die Knochen noch nicht gelegen haben. Untersuchungen ergaben etwa 15–20 Jahre. Mich reizte und motivierte diese Nachricht dermaßen, dass ich mich noch im selben Jahr in das Gebiet einfliegen ließ, um nach Spuren von noch lebenden Exemplaren zu suchen. Ich musste sie einfach finden, die Riesenbären.

Nie vergessen,
mit wem man es
zu tun hat

Weite Wildnis – wilde Bären

Insgesamt habe ich, alle Wochen und Monate zusammengerechnet, etwas mehr als sechs Jahre in Alaska verbracht. Ein Grund dafür, dass dieses Land für mich so etwas wie eine zweite Heimat geworden ist. Die Weite Alaskas ist ein anderer Grund für meine Verbundenheit. Es dauert Jahre, bis man seine Größe ganz erfasst, bis man verinnerlicht hat, dass man am Ende eines Tages immer nur eine unglaublich winzig erscheinende Strecke auf der Landkarte dieses Staates bewältigt hat, ganz egal, ob man mit dem Wasserflugzeug, mit dem Kanu, erst recht natürlich zu Fuß unterwegs war. Alaska ist fast fünfmal so groß wie Deutschland (357 021 km² zu 1 700 139 km²), aber es leben dort nur etwas mehr als 500 000 Menschen, während sich bei uns mittlerweile über 82 Millionen drängeln.

Durch ein perfektes Tarnkleid ist das Moorschneehuhn in seiner Umgebung kaum zu entdecken.

Diese Ausdehnung spürt jeder, der die wilden Tiere des Landes sucht, speziell die Bären. Wenn eine Wild- und Jagdbehörde wie „Alaska Fish and Game" von einer hohen Wilddichte spricht, heißt das nicht unbedingt, dass man während eines dreiwöchigen Aufenthalts auch nur ein einziges Tier zu Gesicht bekommt. Drei Grizzlys auf 100 km² sind schon relativ viele. Sowohl die Jahreszeit als auch die Nähe der Küsten oder eingeschlossene, fischreiche Binnengewässer beeinflussen die Konzentration der Tiere in einem Gebiet. Will man nicht auf eine mitunter gefährliche Zufallsbegegnung warten oder sich nicht an einem der Aussichtspunkte für Fototouristen aufhalten, muss man in den Regionen suchen, die mehrere Wahrscheinlichkeitsfaktoren vereinen. Einiges Geschick im Fährtenlesen, ein sehr gutes Fernglas und Geduld helfen dabei.

In den nördlichen Teilen ihres Verbreitungsgebietes verbringen Grizzlys bis zu sieben Monate des Jahres in der Winterruhe. Im Mai erscheinen sie spätestens wieder aus ihren Höhlen und haben dann bis zu 40 % ihres Körpergewichts verloren.

Entscheidend ist, besonders für mich als Naturfilmer, zur richtigen Zeit am richtigen Ort zu sein und ein Gespür für die Tiere zu entwickeln.

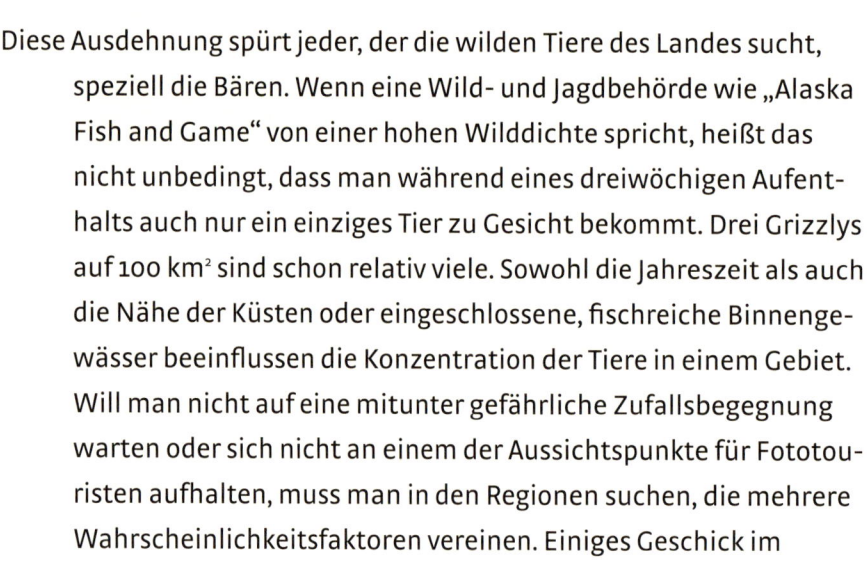

Mythen und Legenden

Von Indianern werden Bären verehrt und gleichzeitig gefürchtet. In ihren Sagen vermählen sie sich mit Frauen und zeugen Kinder mit ihnen. Die Geschichten sind geprägt von einem tiefen Respekt. Niemand will den Bären zum Feind haben, sondern ihn als Freund gewinnen und in seinen Clan integrieren. Einen anderen Mythos verbinden Zoobesucher, die nur selten direkt mit ihm konfrontiert werden. Jäger wiederum haben auch eine ganz eigene Vorstellung.

Bärengeschichten und Jägerlatein

Alaska ist ein Land, in dem extrem viel über Bären geschrieben und
erzählt wird. Jeder hört gerne eine Bärengeschichte, jeder erzählt
gerne eine Bärengeschichte. Bei meiner Suche nach besonderen
Vertretern muss ich jedoch häufig ins Detail gehen und ganz genau
nachfragen, wo ein bestimmter Bär gesehen wurde. Dann kommen
die Leute nach und nach ins Schwimmen und sind sich nicht
mehr sicher. Viele Geschichten entpuppen sich so als Halbwahr-
heiten oder Legenden. Eine Bärengeschichte ist immer gut, um
sich zu brüsten und um Spannung zu erzeugen.

Bei Jägern ist das sehr weit verbreitet. Die typische Geschichte: Der Jäger
schießt auf 150 m einen Grizzly-Bären, an den er sich gemeinsam
mit dem Jagdführer herangeschlichen hat. Weil ein Bär groß ist
und sich langsam bewegt, ist es keine große Meisterleistung nicht
vorbeizuschießen. Doch in der Erzählung verdreht sich diese
Tatsache auf ganz wundersame Weise. Kommt der Jäger zurück
nach Anchorage, sagt er: „Das Wetter war schlecht, es war nur
Sturm, wir haben bös' gelitten, ich habe ihn auf 50 m geschossen.
Vorher hat er mir noch in die Augen gesehen." – Im Empfinden der
meisten Jäger bleibt der Bär aufgrund seiner Größe und Gefährlich-
keit immer ein gewaltiger und hinterlistiger Räuber.

Bloß nicht
unterschätzen

Ganz anders die Zoobesucher: Sie sehen meist, im direkten Vergleich zu den Großkatzen, das Putzige im Bären, das süße Teddy-Gesicht. Das Gesicht des Tigers nebenan verrät Aggressivität und Hochspannung, die rasch nach links und rechts gehende Schwanzspitze zeigt Sprungbereitschaft an, und unter dem Fell spielen deutlich sichtbar Sehnen und Muskeln. Jedes Kind erkennt: Dieses Tier ist jetzt zum Angriff bereit, dieses Tier kann extrem böse werden.

Nichts davon beim Bären. Ihm traut man nicht die explosive Bewegungsgewalt eines Tigers zu. Die zumindest im Winter langsameren Bewegungen – Zoobären halten keine Winterruhe, weil sie ausreichend Futter bekommen – und die mollige Statur zeigen ein gemütliches Tier. Gute Tierpfleger wissen von dieser Täuschung. Fünf Jahre lang können sie problemlos dieselben Bären füttern und ins Freigehege lassen. Urplötzlich, an einem Tag im sechsten Jahr, lernen sie die Kraft und Wildheit des Tieres kennen, nur weil sie – einen Moment unaufmerksam – ein Geräusch machen, das den Bären reizt. Wenn sie Glück haben, erwischt er ihre offene Jacke. Wenn sie Pech haben, war es ihre letzte Erfahrung mit Bären.

Der Teddy täuscht

Wer in den vergangenen zehn Jahren schon einmal im Tierpark Hagenbeck in Hamburg war, der kennt die zwei schweren Kodiak-Bären im Gehege gleich am Haupteingang. Es sind männliche Geschwister, noch keine 20 Jahre alt, geboren im Zoo in Rostock. In der früheren DDR waren sie trainierte Zirkusbären. Eines Tages, als Fünfjährige, töteten sie ihren Pfleger. Diese Gefahr besteht bei Bären immer. Sie bleiben wilde Tiere, sind die physisch Stärkeren. Das sollte man nicht vergessen. Niemals.

Im Landesinnern von Alaska fallen in einigen Gebieten bis zu 80 % aller Elchkälber eines Jahres Grizzlys zum Opfer.

Was ich damit sagen will: Die Wachsamkeitsspannung eines Bären, die Vigilanz, ist extrem hoch, aber man sieht sie ihm nicht an. Der Bär ist ein Täuscher. Wahrscheinlich ist seine Vigilanz, so mein Eindruck, höher als die des Tigers. Der Bär ist wachsamer als jedes seiner Beutetiere, aber mehrfach so stark und aggressiv. Ich habe Bären in all der Zeit als Wesen erlebt, die in hoher Weise das sind, was unter Menschen als schlagfertig gilt: immer und im Bruchteil einer Sekunde zum Schlage bereit; zu einem Schlag von außergewöhnlicher Wucht.

Ein Hund, der aggressiv wird, droht vor seinem Angriff. Er knurrt, sein Rückenhaar stellt sich auf, er fletscht vielleicht sogar die Zähne. Ein Wolf hat ein wesentlich höher entwickeltes, feines Mienenspiel, um seinen Rudelgenossen Mitteilungen zu machen. Auch Katzenbesitzer wissen genau, wann ihr Stubentiger schlecht gelaunt ist und sie ihm besser nicht zu nah kommen sollten.

Ein Bär droht nicht. Wenn ein Bär im Bruchteil einer Sekunde zum Angriff übergeht, geschieht das ohne jede kleine mimische Vorwarnung. Ein Bär hat kein Mienenspiel, in dem jedermann lesen kann. Deshalb bleibt er auch den Menschen, die sich näher mit ihm beschäftigen, immer ein bisschen fremd und ebenso ein ganzes Stück unberechenbar.

Wild lebende Bären verhalten sich, wenn sie einem Menschen begegnen, genauso wie einem Artgenossen gegenüber, den sie nicht kennen. Ihn checken sie erst mal aus, und zwar sehr, sehr vorsichtig: seinen Geruch, seine Bewegungen, Geräusche, die er von sich gibt. Und sie halten für längere Zeit eine ziemliche Distanz. Menschen gegenüber ist ein Bär, falls er nicht überrascht wird oder man in einer Situation auf ihn trifft, in der es um viel Fressen oder um seine Jungen geht, erst einmal ganz genauso: sehr, sehr misstrauisch, vorsichtig und zurückhaltend.

Wichtige Wiedererkennung

Zum ersten Mal lerne ich die Fähigkeit der Braunbären, mich als Einzel-menschen wiederzuerkennen, 1997 kennen. Es sind Tiere, die ich 1995 in der Glacier Bay am südlichen Ende der St. Elias Mountains zum ersten Mal getroffen habe und nun erst zwei Jahre später wiedersehe.

Damals brauche ich noch ganz deutliche, wirklich unverwechselbare Zeichen, um sie klar zu identifizieren: Der eine ist ein fast weißer Grizzly, der aussieht wie ein schmuddeliger Eisbär. Der zweite ein

Die Fellfärbung der Braunbären kann stark variieren. Grizzly heißt „der Graue", doch nur selten sieht man Tiere, die diese Fellfärbung wirklich haben.

Silberbär, ein subadultes Tier, den ich als Jährling bei seiner Mutter wochenlang begleitet und gefilmt habe und der nun aussieht, als sei er mit Raureif bedeckt, aber immer noch dasselbe hektische und nervöse Temperament zeigt. Und schließlich eine Mutter mit ihren drei Jungen, die ich wegen ihrer auffallend langen, blonden Haare „Blondie" nannte. Nun treffe ich diese Familie wieder: Die Mutter hat alle drei Jungen durchgebracht, was selten ist. Die Jungen sind größer als sie selbst und tiefbraun, fast schwarz gefärbt.

Dieser Grizzly ist sehr hell gefärbt, aber es handelt sich dennoch um keinen Albino. Seine Augen sind dunkel.

Die Wiedererkennung läuft in erster Linie über den Geruch, falls der Wind in Richtung des Bären steht, dann über Geräusche. Deshalb brabbel ich in Bärennähe oft vor mich hin, ich unterhalte mich mit ihnen. Was ich sage ist völlig egal. Aber das Tier erkennt wie ein Hund ganz eindeutig an der Stimmlage, aber auch an der Lautstärke, in welcher Stimmung und Verfassung ich mich befinde.

Die Wiedererkennung ist für Bären offensichtlich wichtig und zoologisch gut zu erklären: Bären sind langlebige Tiere, die in freier Wildbahn über 30 Jahre, in Gefangenschaft, so Leid es mir tut, sogar 40 Jahre alt werden. Wilde Bären besitzen feste Heimatgebiete. Für sie ist es lebenswichtig, sich an stärkere Artgenossen exakt erinnern zu können oder Menschen, die ihnen schaden wollten, nicht zu vergessen. Eine wesentliche Voraussetzung für einen Bären, sehr groß und sehr alt zu werden, ist ein gutes Erinnerungsvermögen.

Natürlich kann es genauso passieren, auch wenn es sehr theoretisch und unwahrscheinlich ist, dass ich einem Bären begegne, der durchweg gute Erfahrungen mit anderen Menschen gemacht hat. Da ich dem Bären nicht ansehen kann, warum er sich so vertraut verhält, heißt es jetzt, sehr, sehr vorsichtig sein.

Wochenlang hielt ich mich so oft wie möglich in der Nähe der Bären auf, um sie an meine Person zu gewöhnen.

Fünf Jahre später sind aus den 30 kg schweren Springcups zehn Zentner schwere Teenager geworden.

Rettender Respekt

Normalerweise ist der Mensch wegen seiner relativen Größe eine
Bedrohung für den Bären. Der Bär verhält sich deshalb scheu.
Von ihren Müttern lernen die Jungtiere zwar, wie sie welche
Nahrung finden. Da Menschen für einen wild lebende Bären eine
sehr seltene Erscheinung bleiben, erwerben sie aber nicht die
Kenntnisse, mit Menschen umzugehen oder sie gar als Beute zu
betrachten. Außerdem ist dem Bären, wie einem Reitpferd oder
einem Zuchtbullen, seine überlegene Kraft in der Regel nicht
bewusst. Angriffe dienen daher meistens der Verteidigung.

Es gibt aber vereinzelt Bären, die die physische Schwäche des Menschen
kennen gelernt haben und die ihn nun in das Segment Beute

einordnen. Greift so ein Bär an, kann man nur alle Abwehrkräfte zusammennehmen und hoffen, dass es ihn beeindruckt. Weil die Gefahr sehr groß ist, dass solche Bären ihre Scheu vor Menschen dauerhaft gegen Aggressivität eingetauscht haben, werden sie in den nordamerikanischen Nationalparks verfolgt und erlegt.

Heute kann ich meist sehr schnell erkennen, in welcher Stimmung und in welcher Verfassung und in welchem Gemütszustand ein Tier ist. Wenn ich einen Bären treffe, der mich kennt und den ich kenne, merke ich das in Kürze an seinem Verhalten, sodass sehr schnell eine unheimliche Vertrautheit herrscht. Er gibt zu verstehen: ‚Den kenne ich, vor dem brauche ich mich nicht zu fürchten, weil ich nur gute Erfahrungen mit ihm gemacht habe.'

Um im Tierfilm authentische Geschichten erzählen zu können, ist es wichtig, dass sich die Bären vor der Kamera unbefangen verhalten.

Respekt ist wohl das treffende Wort für meine Beziehung zu Bären, besonders zu Braunbären. Mit Schwarzbären machte ich meine ersten Erfahrungen in Sachen Bärenseele bei einer 7-monatigen Kanutour auf dem Yukon-River 1991. Als Alaska-Neuling war ich mit zwei Freunden und meinem Hund Kim in der Wildnis unterwegs. Schwarzbären waren fast die ganze Zeit allgegenwärtig. Am meisten interessierten sie sich für unsere Lebensmittel. Nichts war vor ihnen sicher: von der Nudelsuppentüte bis zum frisch gefangenen Lachs.

1992 filmte und fotografierte ich im kanadischen Churchill am Westufer der Hudson Bay meine ersten Eisbären. Mittlerweile gibt es in Churchill einen richtigen Eisbärentourismus. Einsätze der Eisbären-Polizei, die ich noch begleiten durfte, finden heute unter Ausschluss der Öffentlichkeit statt. 1993 lebte ich mehrere Wochen lang mit den Inuit draußen auf dem Packeis vor Point Hope, Alaska, und filmte ihre Waljagd, für die sie eine Sondererlaubnis besaßen. Regelmäßig tauchten dort Eisbären auf, die ich, anders als in Churchill, als sehr zurückhaltende, vorsichtige Tiere erlebte. Sie fürchteten sich vor Menschen und tauchten nur in für sie sicheren Situationen an den Karkassen auf, den nach dem Loslösen des Fleisches übrig gebliebenen Gerippen. – Erst 1995 begannen meine intensiven Erfahrungen mit Grizzlys.

Der Herrscher
der Arktis: der Eisbär

Wasserabweisendes Oberhaar, extrem dichtes Unterfell, schwarze
Lederhaut und eine darunter liegende Speckschicht: Eisbären sind
prädestiniert für ein Leben im Eis. Um den Wärmeverlust gering zu
halten, sind ihre Ohren und der Schwanz klein. Die reinen Fleisch-
fresser sind sehr gute, sehr ausdauernde Schwimmer, die ohne
erkennbare Mühe 100 km Wasserstrecke am Stück bewältigen. Die
erwachsenen Männchen bringen es auf 3 m Körperlänge und eine
halbe Tonne Gewicht, schwerer als 700 kg werden sie jedoch nicht.
Damit liegen die Herrscher der Arktis deutlich unter dem Gewicht
von extrem starken Braunbären.

Eine Stadt in Angst

Spielerische Kämpfe
sind für Eisbären
Zeitvertreib und
zugleich Training für
die bevorstehende
Brunft. Bei zu langer
und schneller Be-
wegung überhitzen
Eisbären allerdings
leicht.

Das erste Mal war ich 1992 in Churchill. Der kleine Ort liegt an der West-
küste der kanadischen Hudson-Bay. Jeden Abend gegen 19 Uhr
versetzte Sirenengeheul die Einwohner Churchills in Alarmbereit-
schaft. Zwischen September und Dezember durften Kinder nur
noch in Begleitung eines bewaffneten Erwachsenen auf die Straße.
Was nach 19 Uhr noch zu erledigen war, sollte möglichst mit dem
Auto geschehen. Denn zum Alltag in Churchill gehörte, dass
Eisbären angekettete Schlittenhunde in die Tundra schleiften und
dort fraßen, dass sie Mülltonnen durchwühlten, Häuser aufbra-

Auf die von der Eisbärenpatrouille narkotisierten Tiere wartet das Eisbärengefängnis.

chen, die Bewohner angriffen, schwer verletzten oder töteten und schließlich selbst in großer Zahl erschossen wurden.

Die Ursache für dieses Drama: Die Menschen erbauten im 17. Jahrhundert auf einer Jahrtausende alten Eisbären-Route ihre Handelssiedlung, die sich später zu Kanadas nördlichstem Getreideverladehafen entwickelte. Zuerst schoss man die immer wieder ihrem Wandertrieb folgenden Eisbären ab. Erst 1976 – da waren die Bestände schon stark verringert – hat die kanadische Regierung im Rahmen des

Internationalen Artenschutzabkommens ein Gesetz zur Erhaltung der Eisbären erlassen.

Nachts fuhr ein Patrouillen-Jeep durch die Straßen. „Polar Bear Cowboys" leuchteten mit einem großen Suchscheinwerfer in jeden Winkel. Die kleine Stadt war mit Lebendfallen umstellt. In den stabilen Tonnen-Fallen war Robbenfleisch ausgelegt. Der hereintappende Bär löste einen Mechanismus aus, der einen Schieber heruntersausen ließ. Es gab aber auch die blutigen Schlingenfal-

Junge Eisbären haben wie die meisten noch nicht erwachsenen Säugetiere einen ausgeprägten Spieltrieb, den sie nicht immer nur an Artgenossen ausleben. Dieser angekettete Schlittenhund musste ihn am Ende mit seinem Leben bezahlen.

len, die von drei Seiten so mit Holzpflöcken verankert waren, dass selbst dieses überaus kräftige Tier sich nicht befreien konnte, aber schwer verletzen musste.

Gefängnis für Eisbären

Aus Kostengründen hatte man in Churchill die Praxis aufgegeben, diese Tiere mit dem Hubschrauber etwa 100 km gen Norden auszufliegen. Denn nach wenigen Tagen – trotz der lebensbedrohlichen Erfahrung und der Verletzungen – waren dieselben Bären zurückgekehrt.

Deshalb haben die Menschen in einem ausrangierten Flugzeug-Hangar aus grauem Wellblech das Eisbären-Gefängnis eingerichtet: 21 Zellen, Einzelhaft mit Wasser und Schnee, um ihre Körper vor dem Austrocknen zu bewahren, bis zu drei Monate lang. Bei Futtergabe, so das Argument der Churchill-Verantwortlichen, hätten die Eisbären gelernt: Gefängnis bedeutet Sattwerden. Entlassene Tiere waren meist in einem erbarmungswürdigen Zustand. Mir erschien es sehr fraglich, ob sie noch einmal aus eigener Kraft auf Robbenjagd gehen könnten.

Leichtsinnig und nicht zur Nachahmung empfohlen: Dieser Eisbär hatte mir den Rückzug zu meinem Geländewagen abgeschnitten.

Brenzlige Begegnung

Polarfüchse folgen den Eisbären oft wochenlang, immer in der Hoffnung, dass etwas von der Beute des Großen für sie abfällt.

Als ich für meinen Film „Nomaden des Nordens" vor zwei Jahren die Moschusochsen filme, kommt eines Abends ein außergewöhnlich großer Eisbär an mein Zelt. Ich bin sehr müde und will mir gerade ein Feuer und eine wärmende Suppe machen, da höre ich hinter mir die Geräusche eines Tieres. Ich denke, es ist ein Moschusochse, reagiere deshalb zuerst gar nicht, drehe mich dann aber doch um und sehe plötzlich im Schein meiner Kopflampe den weißen Bären. Er ist nur noch wenige Meter entfernt. Ich habe keine Waffe dabei, nur das sehr wirksame Bärenspray. Sofort greife ich nach der Dose,

entferne die Sicherung und drücke. Doch statt eines Sprühnebels kommt nur eine schwache und schnell ganz versiegende Tröpfchenfahne. „Zu alt und zu kalt", denke ich und bekomme Angst. Ich nehme mein Kochgeschirr und klappere laut damit. Den Bären beeindruckt es wenig, aber immerhin hält er Distanz zu mir.

Es wird eine lange, schier unerträgliche Nacht. Ins Zelt kann ich nicht, dort würde ich mich in eine vollkommen wehrlose Position begeben. Die Kälte setzt mir zu, und bei minus 20° C muss ich mehrmals die Batterien meiner Kopflampe und der kleinen Maglite tauschen, um Licht für meine nächste Umgebung zu behalten. Erst gegen Morgen, als mir fast alles egal ist, krieche ich in meinen Schlafsack und schlafe sehr unruhig. Der Bär hat sich in 15 m Entfernung in den Schnee gelegt. Ich sehe seine Nase und seine Augen, die zu mir blicken. Aber er greift nicht an. - Er belagert mich nur eine grauenhafte, lange Nacht.

Bärenkräfte

Im Feinverhalten weisen Bären erhebliche Unterschiede auf. Wer sich länger mit ihnen beschäftigt, wie der überwiegend in Kanada forschende Herrero oder Larry Kaniut in Alaska, wird bestätigen, dass es einzelne Bärenpersönlichkeiten gibt. Gerade sie entscheiden in kritischen Situationen, wie übel ein Konflikt ausgeht. Doch in ihrer Grundhaltung sind Eisbär, Schwarzbär und Braunbär einander sehr ähnlich. Es sind besondere Tiere. Der Mensch wird nie seine erste Begegnung mit Bären vergessen. Wer jemals die Kräfte gesehen hat, über die ein Grizzly verfügt, etwa wenn er ein großes Huftier tötet, wird sich auch daran immer erinnern.

Elch contra Bär – Bär contra Elch

Vor acht Jahren verfolge ich durchs Fernglas aus etwa 3 km Distanz die Jagd eines relativ kleinen, vielleicht 300 kg schweren Tundra-Grizzlys auf eine ausgewachsene, 500 kg schwere Elchkuh. Dem Grizzly gelingt es, sich gegen den Wind auf 20 m heranzupirschen. Aus dieser Distanz hat ein Elch, der relativ langsam Geschwindigkeit aufnimmt, gegenüber den ausgesprochen spurtstarken Bären, die jeden 100-m-Weltklassesprinter einholen würden, keine Chance mehr.

Der Bär schafft es, die Elchkuh zu überrumpeln und schlägt nach ihren Keulen. Sie dreht und wehrt sich mit ihren Vorderläufen, steigt hoch und trommelt mit ihren Läufen. Ein Treffer mit dem schweren Huf bedeutet eine manchmal tödliche Verletzung für den Angreifer. Doch dieser Bär will ans Ziel, an seine Beute. In typischer Großraubtier-Manier beißt er, packt zu, greift immer wieder an, schwächt den Elch und zieht ihn nach über einer Stunde Kampf von den Beinen.

Als Anfänger gehe ich damals nach einer Wartezeit hinüber, um die Stelle aus der Nähe zu untersuchen – eine der gefährlichsten, wenn auch ungewollten Provokationen für Bären durch Menschen. Ich habe Glück. Der Bär ruht wohl in einiger Entfernung. Er hat sehr schnell gefressen und, was vom Elch übrig war, eingegraben und dicht mit Erde und Zweigen bedeckt. Ich bin schwer beeindruckt: Wer einmal einem Alaska-Elch gegenüber steht, wird nicht glauben, dass ihn eine andere Kreatur in so kurzer Zeit eliminieren kann.

Als ich später für das ZDF „Nomaden des Nordens" drehe, finden Steven Nourse und ich die Gerippe zweier Elchbullen, die sich verkämpft und mit ihren fast zentnerschweren Geweihen unlösbar ineinander verhakt haben. Wie sie gestorben sind, lässt sich nicht mehr

Der Grizzly hat ganze Arbeit geleistet. Wie Grabsteine ragen nur noch die Köpfe der Elche aus der Erde.

feststellen. Einer könnte tot zu Boden gesunken sein, der andere noch eine Zeitlang gestanden haben. Beide oder der länger Lebende könnten Opfer eines Grizzlys geworden sein. Wir erkennen aber am Fährtenbild, dass nur ein einziger Grizzly hier gewesen ist.

Zwei große Elchbullen bilden eine gewaltige Körpermasse. Der Bär hatte sie zum Teil gefressen und dann beide Karkassen vergraben und mit Erde abgedeckt und dabei das Areal der beiden tragischen Brunftkämpfer in ein zerwühltes Schlachtfeld verwandelt. Bei diesem Anblick spüren wir sehr intensiv die Kraft des Tieres, das mit seinen bloßen Pfoten mal eben zwei Körper von der Masse belgischer Kaltblutpferde vergraben hat.

Power-Pranken

Im Juni 2002, auf der Spur der Riesenbären, sehe ich am anderen Ufer einer Salzwasserlagune zwei große Männchen gegeneinander kämpfen, begleitet von lautem Gebrüll. Die Tiere schlagen mit den Pranken auf den Gegner ein und versuchen, in dessen Schnauze zu beißen. Ein instinktives Verhalten, das sie auch gegen Menschen zeigen. So wird ein nicht mehr aufzuhaltender Bär immer versuchen, den Kopf eines Menschen zu verletzen, sein Gesicht zu zerbeißen oder das Genick. Wenn man beherrscht genug ist, nicht wegläuft, was den sicheren Tod bedeuten würde, sondern rasch zu Boden geht und sich tot stellt, ist es deshalb überlebenswichtig, das Gesicht vom Bären wegzudrehen und Kopf und Nacken mit den Händen zu schützen.

Der Zweikampf, den ich beobachte, endet schließlich, als ein Männchen es schafft, das andere seitlich am Hals zu packen und dann, unter Zuhilfenahme der Pranken, ganz langsam, aber unerbittlich herunterzuziehen. Der Gegner brüllt dabei laut, aber der andere hält ihn fest, 10–15 Sekunden lang. Dann lässt er plötzlich los. Der Unterlegene denkt nicht eine Sekunde daran, sich erneut zum Kampf zu stellen, sondern flüchtet sofort. Auf seinem Rücken klafft eine große Fleischwunde.

Junge Bären beim spielerischen Kräftemessen: So ungleich können dreijährige Bären aus demselben Wurf aussehen. Vielleicht haben sie verschiedene Väter.

Weil einem als Mensch der Bezugspunkt fehlt, und damit die Verknüp-
fung zur eigenen Körperkraft, kann man bei solchen Beobachtungen die Kräfte schwer einschätzen. Diese Gelegenheit ergibt sich
ein paar Wochen nach diesem Zweikampf. Ich erkunde gerade das
Ende eines kleinen Fjordes, in dem eine Menge Rotlachse stehen.
Aus einiger Entfernung beäugt mich ein sehr großer, alter Braunbär, der etwas abgemagert wirkt und dessen verheilte Wunden am
Kopf danach aussehen, als habe er schon so manchen Kampf
ausgefochten. Der Bär ist scheu, hält auch in den nächsten Tagen
eine große Distanz zu mir.

Dann regnet es einen ganzen Tag lang stark, ergiebig und so, als würde es
nie aufhören – typisch für die Küstengebiete Alaskas. Doch schon
am nächsten Tag ist alles wieder klar. Am Fjord sehe ich sofort,
dass alle Beteiligten ihre Chancen nutzen: Die Rotlachse haben für
wenige Stunden den Wasserstand bekommen, den sie zum
Überwinden ihrer letzten steilen Etappe brauchen. Der Bär kennt
die im Bach versprengten Felsplatten, unter denen die Lachse
liegen bleiben, die den erschöpfenden Aufstieg nicht schaffen und

sterben. Zielstrebig geht er auf sie zu und kontrolliert sie systematisch – aber wie! Mit einer Vorderpranke hebt er eine Felsplatte nach der anderen an, dass es knirscht und knackt und Steinsplitter zur Seite springen. Ist ein Fisch darunter, greift er ihn mit den Zähnen, wenn nicht, lässt er den Stein sofort wieder fallen, mit einem dumpfen, satten Geräusch – unermüdlich. Später versuche ich es auch. Nicht einmal die kleineren Platten kann ich mehr als einen Zentimeter verrücken.

Der unterschätzte Einzelgänger: der Alaska-Elch

Der schwere Körper, lange, stark bemuskelte Beine, eine weiche, krumme Nase und eine kleine Wamme am Unterkiefer: Der Elch ist unverwechselbar. Bis zu einem Zentner Gewicht erreicht sein Geweih, das nur die Bullen tragen. Ein Gesamtgewicht von bis zu einer Dreivierteltonne macht den männlichen Elch zu einem wahren Giganten, eine Kuh bringt es immerhin auf bis zu 600 kg. Der Alaska-Elch ist damit der größte aller Elche, die wiederum die weltweit größten Vertreter der Hirsch-Familie darstellen.

Jahr für Jahr fallen in Alaska mehr Menschen Elchen zum Opfer als irgendeinem anderen Tier. Huftritte und Geweihstöße führen zu schweren Verletzungen. So wurde ein Zoologie-Professor vor den Augen seiner Studenten von einer Elchkuh totgetrampelt. Die jungen Leute konnten nur hilflos zusehen und sich selbst vor dem rasend wilden Tier in Sicherheit bringen.

Elchsuche
auf Grizzly-Art

Einmal bin ich in eine ähnliche Situation geraten, aus der ich nur heil davonkam, weil ich einen Baum als Deckung nutzen konnte. Mein Ziel war es, ein Elchkalb zu filmen. Die Methode, es zu finden, hatte ich den darin sehr erfolgreichen Grizzlys abgeschaut. Die Bären stellen sich oberhalb eines Tals in den Hang und beobachten aufmerksam den Gegenhang. Nehmen sie dort eine Bewegung war, ziehen sie hinüber und kämmen systematisch den Erlen- und Weidenbusch durch, in dem die Kühe am liebsten ihren Nachwuchs ablegen. In manchen Gebieten Alaskas werden bis zu 80 % der Kälber in ihren ersten zwei Lebensmonaten durch Beutegreifer – in erster Linie Bären – getötet.

Elchmütter bitte ernst nehmen

Nach einem Tag Suche habe ich das kleine Elchkalb entdeckt. Es hört
mich kommen und drückt sich ganz dicht an den Boden. Auch als
ich mich in 2 m Entfernung mit der Kamera hinter einer Espe
postiere, verhält es sich ganz ruhig. Zweieinhalb Stunden muss ich
warten, bis die Elchmutter kommt. Ich habe Glück: Der Wind steht
auf mich zu, sodass sie von mir keine Witterung bekommt. So
kann ich filmen, wie sie ihr Kalb leckt, es säugt und sich niederlegt.

Plötzlich bekommt sie durch eine leichte Winddrehung oder ein
Geräusch der Kamera meine Anwesenheit mit. Sie legt die Ohren
an – ein Zeichen höchster Alarmstufe – und steht auf. Es beeindruckt sie nicht, dass ich mich zu erkennen gebe und kein Grizzly
bin, und galoppiert auf mich zu. Weg von meiner Kamera mache
ich einen Schritt genau hinter die Espe. Nur einen Meter entfernt
von mir steigt sie auf ihre Hinterläufe hoch und versucht, mit den
Vorderläufen nach mir zu schlagen. Immer noch fühle ich mich
nicht ernsthaft bedroht und denke mehr daran, meine 60 000-
Euro-Kamera in Sicherheit zu bringen. Doch die Kuh lässt nicht von
mir ab. Sie geht um den Baum herum, ich weiche aus, bleibe aber

nahe am Stamm. Denn mir ist bekannt, dass Elche, selbst wenn sie einen Gegner am Boden haben, nicht unbedingt von ihm ablassen, sondern ihm weiter zusetzen.

Da plötzlich gibt das Kalb, wohl irritiert durch das ungewohnte Verhalten seiner Mutter, klagende Laute von sich. Sofort dreht sie sich herum und läuft 10 m zurück. Ich bin erleichtert, will gerade zu meiner Kamera gehen, da kommt sie zurück und greift erneut an. Diesmal trifft sie mit ihren großen, scharfkantigen Vorderhufen den Baum, dass es knallt und die Rinde in großen Stücken zur Seite fliegt. Faszinierende und zugleich beängstigende Minuten, die mir wie eine Ewigkeit erscheinen. Irgendwann mahnt das Kalb wieder und beide flüchten ins Unterholz. Doch noch ein letztes Mal kommt sie aus dem Gebüsch heraus auf mich zugestürmt.

Ich bin nie in meinem Leben so vehement und zugleich so ausdauernd von einem Großtier attackiert worden wie von dieser Elchkuh. Wenn das ein Bär mit mir gemacht hätte, wäre ich gelähmt gewesen vor Angst. Hier aber habe ich bis zum Schluss das trügerische Gefühl, ich werde mit ihr fertig.

Zur Zeit des „Indian Summer", Anfang bis Mitte September, kommen die Elchbullen langsam in Brunftstimmung.

Kampf
der Kolosse

Um die Brunftzeit der Elche zu filmen, bin ich im Spätsommer 2000 nach Alaska gekommen. Wenn die Elchbullen zu ziehen beginnen und bei jedem dritten Schritt ein tiefes Knörren von sich geben, sind das sichere Zeichen, dass die Brunft begonnen hat. Diese Geräusche entfahren ihnen unwillkürlich, sie drängen sich einfach heraus, sie können gar nichts dagegen machen und verraten sie im dichten Wald auf eine Weise, über die ich jedes Mal schmunzeln muss. Die Elchbullen müssen während der etwa einmonatigen Brunft von den Fettreserven leben und nehmen so gut wie nichts zu sich. Die Zeit ist beendet, wenn die Bullen, die etwas zu sagen haben, wieder zu fressen beginnen.

Sogar beim Kampf kann man den Eindruck gewinnen, die Elche meinten es gar nicht ernst. Nichts ist zu spüren von der Wucht und dem Tempo der Moschusochsen-Bullen. Im Zeitlupentempo bewegen sie sich taxierend aufeinander zu. Dabei wiegen sie ihr schweres Haupt langsam hin und her, präsentieren ihre Schaufeln so eindrucksvoll wie möglich und kommen sich immer näher. Häufig ergreift dann schon einer der Bullen die Flucht oder zeigt durch Abdrehen in eine andere Richtung seine Unterlegenheit. Kommt es aber zum Kampf, wird er mit großer Härte geführt. Geweihschaufeln brechen ab, Bäume werden entwurzelt und nicht selten wird einer der Kontrahenten erheblich verletzt. Kämpfe, die bis zum bitteren Ende geführt werden, sind allerdings seltener als durch Drohgebärden frühzeitig beendete.

Mensch unter Bären

Mein Leben lang werde ich mich an den Sommer 2002 erinnern, den ich komplett mit Braunbären verbracht habe. Zum ersten Mal habe ich das Gefühl, ich gehöre irgendwie dazu, ich bewege mich angemessen und vertraut zwischen diesen Tieren, ich erkenne sie zuverlässig wieder. Für Filmarbeiten ist es wichtig, dass man einen ganz bestimmten Bären nach einem Jahr oder nach zweien wiederfindet. Denn wir müssen nicht wieder ganz von vorne anfangen, wenn wir uns gegenseitig wiedererkennen.

Da ich für mich wirkliches Neuland entdeckt habe und in Gebiete vorgestoßen bin, die ich nur vom Hörensagen kannte und über die es keine genauen Informationen gibt, bin ich überwältigt von dem, was ich in diesem Jahr herausgefunden habe. Es ist ein Gefühl, in eine Welt einzudringen, die noch nicht viele gesehen haben, und Dinge zu erleben, die bisher ganz wenige Menschen auf der ganzen Welt überhaupt mit Bären erleben konnten.

Nach diesen unterschiedlichen Erfahrungen steht für mich nicht mehr das gefährliche Raubtier im Vordergrund. Das ist der Bär auch. Aber es scheint mir wie bei einem Vexierbild zu sein, das je nach Blickwinkel des Betrachters mal eine ganz junge und dann wieder eine uralte Frau zeigt, die beide aus denselben Linien entstehen.

Mit Mottenkugeln gegen Bären: Da Bären Gummi sehr gerne mögen, und mein Schlauch-kanu daher potenziell gefährdet ist, baue ich ein höheres Gestell und setze außerdem Mottenkugeln ein, deren Geruch die Bären abhält.

Intelligente Überlebenskünstler

Bären sind sehr intelligente, unheimlich gut angepasste, alles fressende, generalistische und opportunistische Säugetiere. Aber die Intelligenz von Menschenaffen oder Walen erreichen sie wohl nicht und verfügen auch nicht über ein Ich-Bewusstsein, wenn sie ihre Spiegelbilder sehen. Sie können weder vom Menschen vorgegebene Situationen eigenständig weiterentwickeln noch Werkzeuge nutzen. Verglichen mit Rudeltieren wie Hyänen, Löwen oder Wölfen, die unter Aufgabenteilung gemeinsam jagen, ist auch das Sozialverhalten, ein gängiges Merkmal von Intelligenz, beim Bären unterentwickelt.

Bären „sehen" mit der Nase. Bei günstigem Wind können sie noch auf 5 km Entfernung Witterung aufnehmen.

Dafür verfügt der Bär über eine im Säugetierreich einmalig feine Nase, mit der er zum Beispiel frisch geborene Elchkälber auf große Entfernung wittern kann, obwohl diese Neugeborenen praktisch geruchlos sind. Auf eine einzigartige Weise hat er das Problem gelöst, sich während der Winterruhe nicht an den eigenen, stickstoffhaltigen Abbauprodukten des Körpers zu vergiften. Diese noch nicht entschlüsselten Mechanismen könnten auch Dialyse-Patienten helfen. Ausgerechnet in dieser nahrungsärmsten und kältesten Zeit des ganzen Jahres, im Januar, gebären Bärenweibchen, wenn sie mit einem ausreichenden Körpergewicht in die Winterruhe gehen, ihren puppenhaft kleinen Nachwuchs,

ernähren ihn monatelang aus ihren eigenen Reserven und verarbeiten dessen Ausscheidungen gleich mit. So ist der Bär für mich ein Säugetier, dem es offensichtlich durch erstaunliche Anpassungen gelungen ist, sich überaus erfolgreich in der Natur zu behaupten.

Gefühl für Bären

Durch mein intensives Zusammenleben und die vielen schönen Erlebnisse mit Bären habe ich vielleicht einen leicht verklärten und zu
positiven Blick – aber auch ein Gefühl für Bären. Es gibt im Nach-
hinein keine Situation, die ich missen möchte, auch nicht die
Scheinangriffe.

Ein Erlebnis gehört sicherlich auch dazu: Ein Bär klaut mir einen Lachs –
nicht bloß seine, sondern auch meine Hauptnahrung in der Wildnis
– direkt von der Angel. Die Szene ist unglaublich: Der Lachs für
das Abendbrot hängt an der Fliegenrute, ich drille den Fisch aus,
er geht über eine flache Kiesbank. Der Bär am anderen Ufer, selbst
mit Fischen befasst, sieht das, springt ins Wasser, hechtet so auf
mich zu, als wolle er angreifen, schnappt sich den Fisch, aber die
Leine reißt nicht. Auch Menschen haben Beutebesitzansprüche,

also rufe ich reflexartig „Hey, that's my fish!" und halte fest. Der Bär geht mit zappelnden Fisch im Maul wieder ans Ufer, im Schlepptau die Angelschnur, die Angelrute mit mir. Erst als er dort ankommt, reißt endlich die Schnur, und der Bär frisst in aller Gemütlichkeit sein Diebesgut.

Beim Lachsfischen ist man selten allein, sodass mir schon mehrmals ein Bär meine Beute vom Haken geholt hat.

Natürlich hätte diese Situation auch anders ausgehen können. Doch ich erinnere mich gerne daran, obwohl mir meine positive Grundeinstellung gegenüber Bären irgendwann vielleicht das Genick brechen könnte. Weil dieses Restrisiko ganz realistisch besteht, würde ich ausdrücklich niemandem empfehlen, sich so nah und so intensiv mit Bären auseinanderzusetzen. Die Gefahr, dass es zu Missverständnissen kommt, die für den Menschen immer schlecht ausgehen, bleibt sehr groß.

Mensch und Bär: weder Freund noch Feind

Ein Freund des Menschen?

Mit unserer eigenen menschlichen Denk- und Fühlweise an Bären heranzugehen, ist ein großer Fehler. Der Bär selbst löst solche Irrtümer aus. Rundlicher Kopf mit puscheligen Ohren und dunklen Knopfaugen: Nicht nur Jungtiere erinnern uns an unseren Teddy. Wer einmal eine Bärin beim Säugen beobachten konnte, wird angerührt sein von der verblüffenden Ähnlichkeit mit einer Menschenmutter, die ihr Baby stillt.

In freier Wildbahn wird dieser Irrtum zur Gefahr. Kommt es dort nicht zu Aggressionen oder der Bär zeigt sogar so etwas wie Toleranz, kann man den Bär schon schnell als netten Freund verstehen. Diese Glücksgefühle sind mir wohl bekannt. Aber ich weiß auch, dass solche Annahmen falsch sind. Bären sind nicht der Menschen Freunde. Nie.

Bären sind Einzelgänger. Wenn jedoch ältere Geschwister Seite an Seite durch die Tundra laufen oder an den McNeil River Falls zusammenstehen und Lachse fangen, wirken sie sogar sozial. Wird die Nahrung knapp oder tötet ein erwachsenes Männchen ein Jungtier oder ein Sieger frisst den Besiegten nach einem Zweikampf auf, wendet sich das Blatt. Kannibalismus bei Bären ist keine Verhaltensstörung. In diesen Situationen gehen Bären extrem hart miteinander um, so hart, wie ich es von keinem anderen Säugetier kenne.

<<<
Vorherige
Doppelseite:
Diese Bärin vertraut
mir und ich kann
sie über Tage
mit der Filmkamera
begleiten.

Mein
Zusammenleben
mit Bären

Um sich intensiv mit Bären zu befassen, muss man mit ihnen zusammenleben, in freier Wildbahn bedeutet das, ihr Vertrauen zu erlangen. Dazu sollte man die folgenden Fragen vor Augen haben und am besten eine zutreffende Antwort darauf finden: Was sieht der Bär in mir? Welche Bedeutung habe ich für ihn? Im Laufe der Jahre haben sich diese Kardinalfragen für mich so beantwortet: Generell bin ich gar nichts für ihn. Er braucht mich nicht. Weil ich ihn nicht übermäßig störe, toleriert er mich aus seiner Größe und Souveränität heraus. Ich bin einfach da, bin ein bisschen lästig, weil ich mitlaufe wie ein hungriger Tundrafuchs, der hofft, dass irgendwann einmal etwas für ihn abfällt.

Der Mensch aus Bärensicht

Für männliche Bären bin ich entweder ein Konkurrent oder eine Bedrohung. Fast alle männlichen Bären, die häufig größer sind als die Weibchen, haben schlechte Erfahrungen mit Menschen gemacht, besonders mit Jägern. Also meiden sie zunächst meine Nähe oder ergreifen die Flucht. Ausnahmen gibt es.

Die Haltung weiblicher Bären mir gegenüber ist komplexer und das spricht für ihre Intelligenz. Zuerst ordnet mich die Bärin als potenziell böses Männchen ein. Dann aber registriert sie aufmerksam, dass andere Männchen gerade zu mir Distanz halten. Weibchen sind ständig auf der Flucht vor Männchen, die immer wieder versuchen, die Jungen zu töten. So habe ich mehrmals erlebt, dass Bärinnen mich als eine Art Schutzschild benutzen. Es entsteht eine Art Beziehungsdreieck mitten in der Wildbahn: Der Bärin scheint sich mit mir in ihrer Nähe sicher vor Angriffen der Bären-Männchen zu fühlen.

Braunbärinnen haben sechs Zitzen und säugen ihre Jungen zwei Jahre lang. Solange der Nachwuchs noch klein ist, nimmt jedes Stillen sechs bis acht Minuten in Anspruch. In der Regel bleiben die Jungen zweieinhalb Jahre bei der Mutter. Im ersten Lebensjahr können sie bei optimaler Ernährung ein Gewicht von über einem Zentner erreichen.

Ein Weibchen lässt sich so gut wie nie auf eine Konfrontation ein. In 99 % der Fälle ergreift sie die Flucht, wenn Gefahr droht. Es sei denn, man überrascht sie. Bärinnen sind mit der ständigen Verantwortung für ihren Nachwuchs belastet. In den zwei Sommern und drei Wintern, die eine Bärin ihre Jungen in der Regel führt, verliert sie meist eines davon. Die Jungen sind nie satt, nie zufrieden, sie wollen immer noch mehr und tun das auch lautstark kund. Kaum fängt das Weibchen einmal einen Fisch, den es selbst fressen will, schreien ihre Jungen. Bis auf das Bäumeklettern muss sie ihnen so gut wie alles beibringen: von der Auswahl der Futterpflanzen über die Erdhörnchen- und Karibujagd bis hin zur Suche fischreicher Gewässer und vieles mehr. Hinzu kommt die ständige Acht

vor irgendeinem Männchen. Bärenmütter sind nach zwei Jahren reine Nervenbündel. Das ist wichtig zu wissen, wenn man sich ihnen nähert.

Im letzten Jahr konnte ich eine Bärenmutter beobachten, die hochkonzentriert fischen wollte und ihren Platz gegen andere erwachsene Bären zu behaupten hatte. Nachdem sie zum dritten Mal von ihren Jungen gestört wurde, verpasste sie ihnen links und rechts eine solche Ohrfeige, dass sie ans Ufer kegelten und einige Sekunden brauchten, um sich wieder aufzurappeln. Dann allerdings fingen sie umso lauter und empörter an zu quäken. So hatte sich die Bärin nur für einen Moment Luft verschafft.

Fatale Fehler

So wie ich mich heute mit dem Ziel zu filmen wilden Tieren nähere, habe ich früher gejagt. Das Sich-Hineinversetzen in ein Tier ist das Stichwort. Mit Bären funktioniert es, so meine Erfahrung, besonders gut. Das liegt daran, dass man zu Bären einen echten Zugang finden kann. Ich bin überzeugt davon: Wenn es so etwas wie einen siebten Sinn gibt, dann haben Bären ihn mit Sicherheit.

Im Normalfall wird eine Bärin nur alle drei Jahre brunftig. Zum Eisprung kommt es dann erst nach mehreren Kopulationen. Eine Bärenpaarung dauert etwa 45 Minuten.

Natürlich habe ich am Anfang viele Fehler gemacht, vieles falsch gedeutet und falsch gesehen, und dass ich dafür bis heute nicht mit schweren oder tödlichen Verletzungen bezahlen musste, hat auch mit Glück zu tun. Die Situationen wiesen alle ein ähnliches Muster auf, und bei der Analyse wurde klar: Jedes Mal hatte ich etwas falsch gemacht, was ich hätte verhindern können.

Ein Ende mit Schrecken

1995, Mitte Mai, sind mein Freund und zweiter Kameraassistent, Steven Nourse, und ich in einem riesigen Tal in Zentralalaska unterwegs – zu Fuß natürlich, denn Straßen sind hier rar. Wir sind auf der Suche nach Grizzlys. Man spricht für diese Gegend von einem dichten Bestand: Etwa 350 Tiere auf einer Fläche vergleichbar der von

Rheinland-Pfalz sollen hier leben. Der Vorteil der Landschaft zu dieser Jahreszeit ist, dass man Bären auf weite Entfernungen ausmachen kann. Ihr relativ helles Fell hebt sich sowohl vor der braunen Tundra als auch den vereinzelten Schneeflächen gut ab. Schließlich entdecken wir ein Paar, besser gesagt: zwei Bären, die ein Paar werden wollen. Das Männchen läuft eine Woche lang dem Weibchen nach, kommt aber nicht zum Zuge, weil sie anscheinend noch nicht bereit ist.

Die Modalität zur Sicherung der nächsten Generation ist eine der vielen Besonderheiten dieser Tiere. Eine brunftige Bärin muss mehrmals begattet werden, bis sie ihren Eisprung bekommt. Beim ersten Mal kommt es noch nicht zur Befruchtung. Der arterhaltende Zweck:

Ist die Bärin empfängnisbereit – das ist ein relativ schmales Zeitfenster von 3–4 Tagen – befindet sich auf jeden Fall ein paarungsfähiges Männchen in ihrer Nähe. Bis zum Herbst ruht das befruchtete Ei dann in seiner Entwicklung. Und dann, im November, bestimmt allein die Konstitution der Bärin, ob die befruchteten Eier absterben oder sich weiterentwickeln. Im Januar, wenn es am kältesten ist, kommen die Kleinen zur Welt: nackt, blind, rattengroß, ungefähr 500 g schwer. Unter allen Säugetieren gibt es keine so große Diskrepanz zwischen dem Gewicht der Mutter und dem Geburtsgewicht ihrer Säuglinge. Die Bärin ernährt sie dann allein mit ihren Körpervorräten. Die Jungen nehmen mehr als zwei Pfund pro Monat zu und wiegen, wenn sie Mitte Mai das erste Mal mit der Mutter ihre Höhle verlassen, 5–6 kg.

Arktische Erdhörnchen sind in Zentral- und Nordalaska als wichtigster Lieferant von tierischem Fett ein wesentlicher Bestandteil der Fleisch-Nahrung von Grizzlys.

Im Moment sehen Steven und ich mit Freude, dass die beiden Bären sich auf uns zu bewegen. In der Regel sind Bären zurückhaltende Tiere, doch es gibt unter ihnen deutlich unterscheidbare Individuen: neugierige, entspannte, vorsichtige, auch aggressive. Dieses Männchen, das sehe ich an Motorik und Verhalten, ist ein vitaler, agiler Typ. Immer wieder versucht er sich mit dem Weibchen zu paaren, wahrscheinlich, um es zu stimulieren. Da ich so eine Szene noch nie gefilmt habe, ziehe ich die ungefähre Linie ihrer Fortbewegung in der Landschaft nach und gehe dann selbst einen Hang abwärts, um mich in der Nähe dieser Linie, aber etwas erhöht, zu postieren. Dabei verliere ich die Bären aus den Augen. Als ich sie wiedersehe, kommt mir die Bärin direkt entgegen. Sie hat ihre Richtung geändert, aber keine Witterung von mir. Das Männchen trottet hinterher, frustriert, unbefriedigt und schlecht gelaunt.

In dieser Lage begehe ich zwei gravierende Fehler: Erstens lasse ich die beiden viel zu nah herankommen, ohne mich zu zeigen. Zweitens unterschätze ich das Männchen. – Ich bin zunächst nur darauf konzentriert, an der Filmkamera die Schärfe nachzuziehen, doch als die beiden den Abstand zu mir auf 40 m, dann auf 30 m verkürzen, gebe ich mich zu erkennen, indem ich mich aufrichte und sie anspreche. Im selben Moment bekommt die Bärin Witterung von mir. Sie stoppt und blickt zu mir, dann pustet und bläst sie aufgeregt die Luft aus der Nase und flüchtet.

Dem Koloss dicht auf den Fersen: Dieser Bär dürfte zwischen achtzehn und zwanzig Zentnern wiegen.

Das Männchen reagiert ganz anders. Aufgeheizt durch die tagelangen, aber bisher wohl fruchtlosen Paarungsversuche sieht es zu mir hoch, identifiziert meine Silhouette als Nebenbuhler und stürmt los. Ich wedele mit den Armen, rufe „Hey! Stop! It's close enough!" aber es nützt nichts. In Sekunden kommt er auf anderthalb Meter heran, bremst dann ab und klappert mit den Zähnen. – Dieses Kieferklappern, ein schlagendes Schmatzen, ist bei Bären das Zeichen allerhöchster Erregung. – Blitzschnell holt er aus und schlägt mit seiner Pranke nach mir, streift mich – ein Scheinangriff, der angesichts der ungeheuren Kraft und Schnelligkeit eines solchen Schlages reicht, jeden in die Flucht zu schlagen. Der Grizzly wendet sich von mir ab, und ich denke, es ist damit erledigt. Doch nach 4 m dreht er sich um und wiederholt die Attacke mit einem weiteren Schlag. Meine Gewissheit, dass es bei Drohgebärden

bleibt, schwindet rapide. Wieder wendet er, dreht nach ein paar
Metern um und attackiert mich erneut. Ein verstümmeltes Ohr,
wahrscheinlich in einem früheren Kampf abgerissen, lässt ihn
noch viel unheimlicher aussehen. Dann, im Abwenden von mir,
fällt ihm auf dem gegenüberliegenden Hang seine Bärin auf. Ohne
zu zögern, lässt er von mir ab und macht sich zielstrebig auf den
Weg zu ihr.

Noch eine Sekunde habe ich das Gefühl, sein Zehn-Zentner-Körper stehe
genau vor mir, der Geruch scheint noch in der Luft zu hängen. Nach
dieser Attacke merke ich, dass ich schluchze, dann heule. So laufe
ich durch die Tundra, habe mich nicht mehr unter Kontrolle. Das
erste Mal in meinem Leben hat mich ein Bär aus einer Aggression
heraus körperlich gepackt.

Die Kämpfernatur
aus der Eiszeit: der
Moschusochse

Ein gedrungener und kompakter Körper, bis zu 350 kg schwer, von einem wolligen, langen Fellmantel fast bis zum Boden umhüllt: Der Moschusochse ist nach dem Aussterben von Wollnashorn und Mammut die letzte große eiszeitliche Art mit wolligem Haar und zeigt auch typische Verhaltsweisen von Eiszeit-Tieren: sich wenig bewegen, viel fressen, ruhen und Energie sparen.

Bei Gefahr durch Angreifer, Wölfe etwa, bilden diese Herdentiere einen charakteristischen Abwehrring, die Starken außen, die Schwachen innen. Und alle versuchen, den Eindringling anzusehen. Da selbst ein Grizzly vor dieser geballten Stoßkraft kapituliert und auch ein gut organisiertes Wolfsrudel unverrichteter Dinge wieder abziehen muss, gab es bisher keine Notwendigkeit für Moschusochsen, dieses recht stationäre Schutzverhalten zu modifizieren, zum Beispiel in eine große Fluchtdistanz.

Das wurde ihnen zum Verhängnis: Was die archaischen Jäger nicht geschafft haben, nämlich den Moschusochsen auszurotten, erledigten die Schusswaffen-Träger in Kürze. So verschwanden die ursprünglichen Alaska-Moschusochsen im späten 19. Jahrhundert. Die rund 2 200 heute in Alaska lebenden Tiere sind die Nachfahren von seit 1930 aus Grönland eingeführten Exemplaren.

Kämpfende Kraftpakete

Herbst 2001 in der Tundra Alaskas: Die Situation ist brenzlig. Dort die Herde von Moschusochsen – wenige Meter entfernt die beiden Bullen. Ich filme, mein Assistent, Steven Nourse, steht mit einer zweiten Kamera etwas weiter weg, und die Bullen buhlen um den ersten Rang.

Es ist unschwer zu erkennen, dass die Zeichen auf Kampf stehen. Ihre langsamen Schritte verraten höchste Anspannung. Plötzlich entlädt sie sich. Im Bruchteil einer Sekunde und in einer einzigen schnellen Bewegung drehen die Rivalen auf Kollisionskurs, beschleunigen, senken die Schädel und prallen aufeinander. Ihre Kräfte entladen sich in einem knochentrockenen Knall, der an ruhigen Tagen noch in 3–4 km Entfernung zu hören ist.

Doch keiner fällt um, keiner taumelt. Und das ist erst der Anfang. Wieder und wieder rennen sie aufeinander zu. Länger werden die Anläufe, bis zu 50 m liegen zwischen ihnen, irrwitziger wird ihr Tempo und lauter das Krachen, wenn die mächtigen, den gesamten Vorderschädel schützenden Hornplatten zusammenstoßen. Erst nach der zwölften Kollision gibt einer auf.

Keine Spur von Gewandtheit, Reaktionsfähigkeit und Agilität, wie ich es in Kämpfen unter Keilern, Rothirschen oder Elchen schon oft beobachtet hatte. Es gibt keine Schläge von der Seite, kein Ringen, kein Hakeln, kein Parieren, sondern nur das frontale Rammen. Der Kampf zweier Moschusochsen ist eine archaische und unter dem Aspekt Technik primitive Angelegenheit. Wer diese Wahnsinnsstöße am längsten aushalten kann, gewinnt. Erst einen halben Meter vor dem Zusammenprall schließen die Gegner ihre Augen. Auch wenn mehrere Zentimeter Horn und dahinter noch mehrere Zentimeter Schädelknochen dessen Inneres schützen, ist es kaum zu begreifen, dass die beiden danach nicht einmal die Spur einer Gehirnerschütterung zeigen. Jeder von ihnen wiegt um die 300 kg und rammt den anderen völlig ungebremst, mit einer Wucht, als führe ein Auto mit fast 30 km/h gegen eine Mauer.

Als ich den Verlierer eigenartige Laute von sich geben höre, vermute ich eine Verletzung. Sein Brummen will ich aufnehmen. Ich setze die Kopfhörer auf, schnalle den Ton-Recorder um, nehme das Richtmikrofon in die Hand und gehe langsam auf ihn zu. Abrupt ändert sich seine Haltung. Er ist offensichtlich noch immer auf Kampf eingestellt. Ich spüre, dass ich eine Bedrohung für ihn darstelle und bin erstaunt, wie schnell sich dieses geschlagene Tier in ein abwehrbereit aggressives verwandelt. Mit gesenktem Kopf greift es mich an. Sofort lasse ich alles stehen und weiche zurück. Wieder einmal kann ich feststellen: Tiere sind meistens viel fairer als Menschen. Wenn sie merken, dass man sich demutsvoll zurückzieht, lassen sie von einem ab. Sie erkennen eine deutlich gezeigte Unterwerfung auch an. Nur deshalb komme ich ungeschoren davon.

Blick in die Kinderstube

Im Mai setzt mich ein Pilot in einigen Kilometern Entfernung von den Moschusochsen an einem Fluss ab. Es ist die Zeit der Schneeschmelze, doch die Tundra ist noch weitflächig mit Schnee bedeckt. Frisches Grün schlägt aus, Gras und Weidentriebe.

In den folgenden Wochen setzen alle trächtigen Kühe „meiner Herde" ihre Kälber, in der Regel eines pro Weibchen, selten zwei. Ihren Nachwuchs, der noch nicht folgen kann, legen sie ab, schauen ab und zu nach ihm, säugen ihn, gehen aber ansonsten ihrer Futtersuche nach. Um über den nächsten Winter zu kommen, müssen die 10–14 kg schweren Moschusochsen-Kälber täglich ein Kilogramm Gewicht zunehmen.

Anfangs verhält sich die Herde mir gegenüber sehr, sehr vorsichtig. Zweimal formen sie schnell und viel zu hektisch ihren Abwehrring. Dieses Verhalten legt sich bald. Sie erkennen, dass ich kein Raubfeind und Beutegreifer bin, und leben wieder so, als sei ich gar nicht da. Es ist so wunderbar, dass sie sich an mich gewöhnt haben.

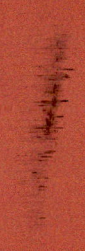

Körpersprache erkennen

Bären haben ein feines Gespür für die „body language" und sie zeigen selbst eine ausgeprägte Körpersprache. Schaukeln sie mit dem Kopf oder gähnen sie, wie Hunde das aus demselben Grund auch tun, dann sind sie unsicher, verlegen, unentschlossen. – Eins darf man nie tun: sich direkt auf sie zu bewegen – face to face. Einem Bären darf man nie in die Augen schauen, die reine Provokation für ihn. Wer das tut, will Ärger machen.

Heute weiß ich viel mehr über Bären als vor sieben Jahren – zur Zeit des Angriffs. Wenn ich Bären filmen will, gebe ich mich aus großer Distanz zu erkennen, denn sie können viel besser sehen, als oft

behauptet wird. Bären, die ein auffälliges oder aggressives Verhalten zeigen, gehe ich aus dem Weg. Insgesamt verbringe ich mehr Zeit damit, Tiere an mich zu gewöhnen, als sie zu filmen.

Ein Beispiel aus dem vorigen Jahr verdeutlicht, wie Bären Menschenverhalten sortieren: Nach den Erkennungssignalen habe ich mich über eine Stunde lang an eine Bärin mit zwei Jungen, die im Ufersand liegen, in weiten Zickzackbewegungen herangearbeitet, so als suche ich etwas, als würde mich alles hier interessieren, nur die Bären nicht. Sie blicken immer wieder zu mir herüber, können mich hören und riechen. Aber ich verhalte mich nicht verdächtig. Dann tue ich so, als wolle ich mich ausruhen, bleibe liegen, krieche wieder weg, komme wieder näher – bis auf 10 m. Keine Alarmzeichen bei den Bären, keine Fluchtreaktion. Plötzlich rucken ihre Köpfe hoch. In 130 m Entfernung hat sich meine Assistentin Auckley, die dort mit der zweiten Kamera steht, hoch aufgerichtet – sonst nichts. Aber das provoziert sofort ein heftiges Prusten und Blasen.

Riskant dazwischengefunkt

Nach den elf Lehrjahren würde ich als allgemeine Verhaltensregel
gegenüber wilden Bären formulieren: Ein zurückhaltendes Wesen
zu demonstrieren ist hilfreich. Das wurde mir auch beim zweiten
Drama klar, dessen Grundkonstellation ganz ähnlich war.

Ein großer Grizzly rückt seit über zwei Tagen mit intensiver Paarungsab-
sicht einer Bärin auf den Pelz, ein dicker, schwerer, fast schwerfälli-
ger Typ. Sie ist sehr agil, aber mit Grasfressen mehr beschäftigt
als mit ihm. Die beiden sind, aus Menschenaugen betrachtet, nicht
für einander bestimmt. Während ich die beiden filme, beobachtet
er mich. Am dritten Tag lässt er schließlich von ihr ab. Am nächsten
Morgen suchen Greg, ein indianischer Freund, und ich wieder die
riesige Wiese mit unseren Ferngläsern ab. „Da hinten paaren sich
zwei", sagt Greg. „Ja, unsere Bärin, aber ein anderes Männchen."

Eine Bärenpaarung dauert bis zu 45 Minuten, deshalb beeile ich mich.
Greg folgt mit der zweiten Kamera. Ich nähere mich bis auf 20 m
und filme. Was wir sehen, scheint gegen eine Evolutionsregel
zu verstoßen: Das Weibchen hat den Stärkeren verschmäht, und
hier setzt sich gerade ein jüngeres Männchen durch, das nicht
größer war als sie, aber schneller als der Konkurrent.

Plötzlich, als Greg sich so gestellt hat, dass er mich mit den Bären im
Sucher hat, taucht der ältere, stärkere Bär auf und hält genau auf
das Paar zu. Ich bin gespannt, ob die beiden – ähnlich wie bei
Füchsen oder Wölfen – aneinanderhängen werden oder ob sie sich
sofort voneinander lösen können. Als der Große noch 100 m
entfernt ist, trennen sich die beiden und rennen in verschiedene
Richtungen fort. Das junge Männchen flüchtet in die Büsche,
die Bärin entkommt durch einen Fluss.

Reichhaltige Mahlzeiten: Von Juni bis Oktober wird Lachs zur Hauptnahrung. Die proteinreiche Kost ist ein Grund, weshalb Küstenbraunbären solche gewaltigen Ausmaße erreichen können.

Für den anstürmenden Bären, der das deutlich gesehen hat, stehe ich nun exakt in der Verlängerung seiner Linie. Ich schwenke wild meine Arme, rufe wieder meine englischen Sätze (es wäre natürlich jede andere Sprache möglich): „Hey, bear! Stop! Close enough now!" – Keine Reaktion. Im schnellen Stechschritt marschiert er auf mich zu, rennt. Im letzten Moment wende ich mich mit einer schnellen Drehung von ihm ab. Fast im selben Moment spüre ich einen harten Schlag auf meinen Technikrucksack und werde herumgerissen. Der Bär läuft links an mir vorbei, beinahe so, als habe er sich über seine eigene Handlung erschrocken. Kieferklappern, dann entfernt er sich schnell. Sein Angriff geht abrupt in eine Flucht über.

Das Erste, was ich zu Greg sage, war: „Hast du es im Kasten?" – Nein, er hat aufgehört zu drehen und ist geflüchtet. Es wäre die Aufnahme gewesen – dafür ist es mal wieder gut gegangen.

Auf meinem Rucksack hat die Attacke deutliche Spuren hinterlassen.
Ich trage ihn immer, gefüllt mit Filmutensilien, oder auch mit der
Fotoausrüstung, wenn ich mich Bären nähere. Manchmal ist auch
nur mein zusammengerollter Schlafsack in dem Rucksack.
Nachdem ich das erste Mal attackiert worden war, hatte ich
mir das zu meinem Schutz überlegt. Da die meisten Angriffe von
Grizzlys – bei Eisbären ist es anders – Scheinangriffe sind, schien es
mir wichtig, einen Minimalschutz am Leib zu tragen, den ich
wie einen Schild vor mich halten konnte, wenn ein Bär zu einem
Prankenschlag ausholen sollte.

Nach so einem Schlag kommt es auf den Gemütszustand des Bären und
auf das Verhalten des Menschen an, ob er weitermacht oder sich
mit diesem einen Schlag begnügt. Wichtig ist, dass man zurück-
weicht, dass man eine demutsvolle Geste zeigt. Aggressivität
oder Gesten der Selbstvergrößerung haben in diesem Stadium der
Annäherung keinen Sinn mehr – die Kräfte sind zu ungleich
verteilt.

Ein Restrisiko bleibt

Eine Bärenmutter, die ihre Jungen, oder ein Männchen, das den Kadaver
verteidigen will, stellen grundsätzlich eine hohe Gefahr dar.
Was immer bleibt, ist das Risiko, mit einem nach menschlichem
Ermessen verhaltensgestörten Bären zu tun zu haben, einem
Neurotiker. – Wer auch immer ihn dazu gemacht hat.

Einem solchen, vermute ich, ist mein Freund Michio Hoshino begegnet.
Michio war Japaner und liebte Alaska wie ich, wie Greg, wie Steven.
Wir haben zwei Trips zusammengemacht. Er setzte sich für die

Bären ein, wollte mit seiner Arbeit Verständnis für Bären wecken. Ausgerechnet durch einen Grizzly kam er 1996 ums Leben. Der Bär holte ihn nachts aus seinem Zelt. Er ließ nicht von ihm ab, obwohl Michio laut schrie und sich heftig wehrte. Schließlich tötete er meinen Freund. Danach zeigte er, auch wenn es uns Menschen genauso furchtbar und grausam erscheint, wieder ganz normales Bären-Verhalten. Er biss die Leiche an, dann vergrub er ihre Überreste. Die Art des Angriffs passt jedoch nicht in das normale Verhaltensrepertoire eines Bären, sondern war die Aktion eines verhaltensgestörten Tieres.

Ungekrönter König
der Riesen:
der Taucher

Der alte Taucher

Der Gelbschnabeleistaucher ist der größte und auch der seltenste der vier in Alaska vorkommenden Eistaucherarten.

Diese Geschichte liegt sieben Jahre zurück, ich erzähle sie, weil sie sehr wahrscheinlich einmalig ist. Wenn ich nach diesem Spätsommer 1996 in der Küstenregion der Aleuten unterwegs war, habe ich jedes Mal die Leute gefragt. Doch keiner hatte den Bären gesehen. Wahrscheinlich war der Alte gestorben.

Es fing schon so geheimnisvoll an. Geheimnisvoller als die anderen vielen Geschichten über Bären; eine Art Saga unter kleinen Legenden. An verschiedenen Orten in Alaska hatte ich sie von mehreren Leuten erzählt bekommen, was entweder dafür spricht, dass eine Lügenstory besonders gut gestrickt ist, oder gerade dafür, dass mehr als nur ein Körnchen Wahrheit in ihr steckt. An einem großen See irgendwo auf der Aleutenkette lebte angeblich schon seit mehr als 100 Jahren ein Bär, der tauchen und so lange unter Wasser bleiben könne wie ein Wal. Fotografiert hatte ihn allerdings noch niemand.

Die Inselwelt der Aleuten

Zwei Stunden dauert der Flug mit der alten Beaver, hinweg über das ausgedehnte Katmai-Naturreservat. Unter uns erloschene Vulkane, türkisgrüne Gletscherseen, wie tot wirkende Krater mit scharf gezackten, von 90 Jahren ruhiger Erosion rissig gewordenen Rändern. Moränenfelder, graues Geröll – Eiszeitlandschaft und Anfang aller Landschaft zugleich.

Der Motor brummt zuverlässig und zieht uns hinaus in die Inselwelt der Aleuten, dorthin, wo die größten Bären der Welt leben. Relativ mildes Seeklima und ein Überangebot an wahrer Kraftnahrung schaffen optimale Lebensbedingungen. Von Ende Mai bis November steigen hier permanent Lachse zum Laichen auf, und

zwar vier von fünf Spezies: zuerst der „Silversalmon", dann, durchgängig bis fast zum Einfrieren der Flüsse, der knallrot gefärbte „Redsalmon", der höchstens 5 kg auf die Waage bringt, danach ziehen „Dogsalmon" und „Pinksalmon" (Buckellachs) in das Fluss- und Seensystem ein. Kein Wunder, dass einzelne starke Braun-bären-Männchen hier ein Gewicht von einer Tonne erreichen, während die Inland-Grizzlys selten mehr als sieben Zentner erreichen.

Tauchende Bären und schwimmende Steine?

Hier wollen wir den Taucher suchen. Steven Nourse und ich haben eine Schnittmenge aus all den Erzählungen gebildet, das allzu Unwahrscheinliche und Unlogische verworfen und eine ungefähre geographische Vorstellung davon entwickelt, wo wir, wenn überhaupt, fündig werden können. Bei stürmischem Wetter setzt der Pilot

Gewaltige Landschaft: Wo beginnt man in einem so großen Gebiet mit der Suche?

sehr zögerlich zur Landung auf einem der vielen Kraterseen an. „Das Problem", erklärte er, „sind nicht nur Wellengang und Windstärke, sondern auch die vielen schwimmenden Steine."

‚Merkwürdige Gegend', denken wir: ‚tauchende Bären, schwimmende Steine, wunderliche Piloten?' „Ja, ihr habt richtig gehört", meint er. „Das, was ihr für Treibholz haltet, ist Bimsstein, leichter, poröser Bimsstein, der seit der Vulkanexplosion 1912 hier überall herumdümpelt."

Dem erfahrenen Buschpiloten gelingt es schließlich, eine steinfreie Wasserlandebahn zu finden und dann mit wenig Gas durch die Steinteppiche ans Ufer zu steuern, sorgsam darauf bedacht, die empfindlichen Schwimmer nicht zu beschädigen. Dann wäre er hier sobald nicht wieder weggekommen. „Ich hole euch in genau sieben Wochen wieder ab", sagt er zum Abschied, „ – falls das Wetter mitspielt."

Sobald Silberlachse das Süßwasser erreichen, färben sie sich rot und ihre Köpfe werden grün.

Ein gigantischer Grizzly

Geschützt in einem espen- und erlendurchsetzten Fichtenwald schlagen wir unser Camp nur 50 m vom Seeufer entfernt auf. Um uns herum finden wir schnell zahlreiche Bärenspuren: große Trittsiegel, hohe Kratzspuren an den Bäumen, jede Menge Bärenlosung in beeindruckend großen Haufen. Es dauert einige Tage, bis morgens an der Einmündung des einzigen Flusses in den Kratersee ein extrem starkes Braunbären-Männchen auftaucht, auf das die legendenhafte Beschreibung passen könnte. Ich nehme mir viel Zeit, ihn zu beobachten, erst durchs Fernglas, dann aus immer kürzerer Distanz. Seine abgenutzten gelben Zähne lassen auf ein hohes Alter schließen, vielleicht 35 Jahre. Selbst die verhältnismäßig kleinen Ohren sind im oberen Drittel leicht abgeknickt. Der Körper des Tieres wirkt besonders gedrungen und massig. Sein gewaltiger Bauch schaukelt bei jedem Tritt.

Einen solchen Bären hatte ich vorher noch nie gesehen. An Land fühlt er sich offensichtlich nicht sehr wohl. Entweder ruht er stundenlang in einer Sandkuhle, die er für seinen Bauch nahe am Ufer gegraben hat, oder er hält sich lange im eiskalten Seewasser auf. Dort gibt es Lachse, die nach dem Ablaichen völlig entkräftet flussabwärts zurück in den See gespült werden, in den ruhigen Uferregionen verendet sind und nun, am Grund wegen der niedrigen Wassertemperatur lange fressbar bleiben.

Normalerweise lassen sich Bären an solchen Stellen kurz in 2–3 m Tiefe absacken, klauben den toten Fisch auf und kommen sofort wieder hoch. Ganz im Gegensatz dazu zeigt unser Dicker einen konsequent eleganten Tauchstil: Wie ein Wal taucht er über Kopf, Schulter und Rücken in einem Bogen ab, durchschneidet die Wasseroberfläche und ist verschwunden. Ich sehe auf die Uhr:

Eine Tonne schwer und dreißig Jahre alt: Der „Taucher" ist ein unglaublich massiger Bär. Seine Trittsiegel sind riesig. Noch niemals zuvor habe ich eine solche Fährte gesehen.

Bis zu 30 Sekunden dauern seine Tauchgänge. Bringt er einen Lachs mit, frisst er ihn gleich im Wasser, geräuschvoll und etwas kurzatmig schnaufend.

Es sieht ganz danach aus, als haben wir den Taucher gefunden. Zieht man die notwendigen Gerüchte-Abstriche ab, dann bleiben dennoch ein hohes Bären-Alter und Tauchgänge von immerhin einer halben Minute, was bemerkenswert genug ist, ganz abgesehen von diesem eigenwilligen Stil.

Auffallend gleichgültig verhält sich der Koloss uns gegenüber. An stürmischen Tagen, wenn der See schäumt und bissige, kleine Wellen ans Ufer laufen, döst er in den Büschen vor sich hin. Ich nutzte die Zeit und halte mich viel in seiner Nähe auf, spreche leise vor mich hin, lasse ihn ständig Witterung von mir bekommen und gewöhne ihn so an meine Anwesenheit. Nähere ich mich aber bis auf 10 m, wirft er mir einen Blick zu, den ich als böse interpretierte. Ich wende meine Augen ab, um ihn keinesfalls zu provozieren, dann ziehe ich mich langsam wieder zurück. Bei 10 m liegt scheinbar der unsichtbare, individuelle Distanzkreis dieses Männchens.

104

Um ihr Fell wasser-abweisend zu halten, müssen es die Biber täglich einfetten.

Einmal ist der Bär für mehrere Tage verschwunden. Ich befürchte, er könne in seinem großen Revier das Futtergebiet gewechselt haben. Nun halten sich im Mündungsgebiet des Flusses mehrere andere Bären auf. Keiner von ihnen taucht auch nur annähernd so geschickt. Doch am fünften Tag der vierten Woche ist er wieder da, schwimmt quer über den See direkt auf die Flussmündung zu und nimmt sie wieder in Besitz. Die anderen Bären weichen ihm aus. Er ist der unumstrittene Herrscher.

Tauchgang mit Bär

Der Lachsrun neigt sich seinem Ende. In wenigen Wochen wird der See zufrieren. Ich muss ans Filmen denken. Was würde passieren, wenn ich den Bären auch unter Wasser im Gletschersee begleite? Noch niemals waren solche Aufnahmen gemacht worden.

Der Taucher im milchtrüben Wasser des Gletschersees: Um ihn wenigstens als Silhouette filmen zu können, muss ich bis auf 3 m an ihn heran.

Trockentauchanzug und Pressluftflasche haben wir dabei. An einem ruhigen Tag ist es soweit. Seit einer halben Stunde ist unser Seekönig schon im Wasser, taucht, bringt bei jedem zweiten Gang einen Lachskadaver mit an die Oberfläche. Ich checke meine Instrumente, die Kamera mit dem speziellen Unterwassergehäuse, steige in den See und warte. Das Wasser hat nur 3 °C, aber mir ist warm. Als der Bär, der sich langsam in unsere Richtung bewegt, noch 30 m entfernt ist, tauche ich ab und schwimme ihm entgegen.

Katastrophale Sicht, milchiges, durch Sedimente getrübtes Gletscherwasser: Wie findet der Bär hier seine Fische? Um ihn überhaupt abbilden zu können, muss ich nah heran – deutlich näher als 10 m. Ob er das tolerieren wird? Um mich zu orientieren, tauche ich auf. Im selben Moment kommt auch der massige Kopf des Bären hoch,

Braunbären schwimmen oft viele Kilometer durch große Seen oder durchqueren weite Fjorde an der Meeresküste.

die Schultern, seine Brust. Ganz langsam erhebt sich der Oberkörper aus dem Wasser, in einer Bewegung, die ich nicht vergessen werde. 5 m trennen uns. Er steht, ich paddele, um oben zu bleiben. Der schwere Bleigurt verleiht mir zu viel Abtrieb. Ich komme mir hilflos vor. Der Bär hat mich fest im Blick, in einem scheinbar empörten Blick. Sekunden später entspannt er die Lage und taucht unter Wasser ab.

Die Oberwasserspur, die er hinterlässt, weist in Richtung Flussmündung. Ich schwimme hinterher. Beim regelmäßigen Luftholen beachtet er mich schon nicht mehr. Je näher wir der Einmündung kommen, desto klarer wird das Wasser. Schemenhaft kann ich nun die

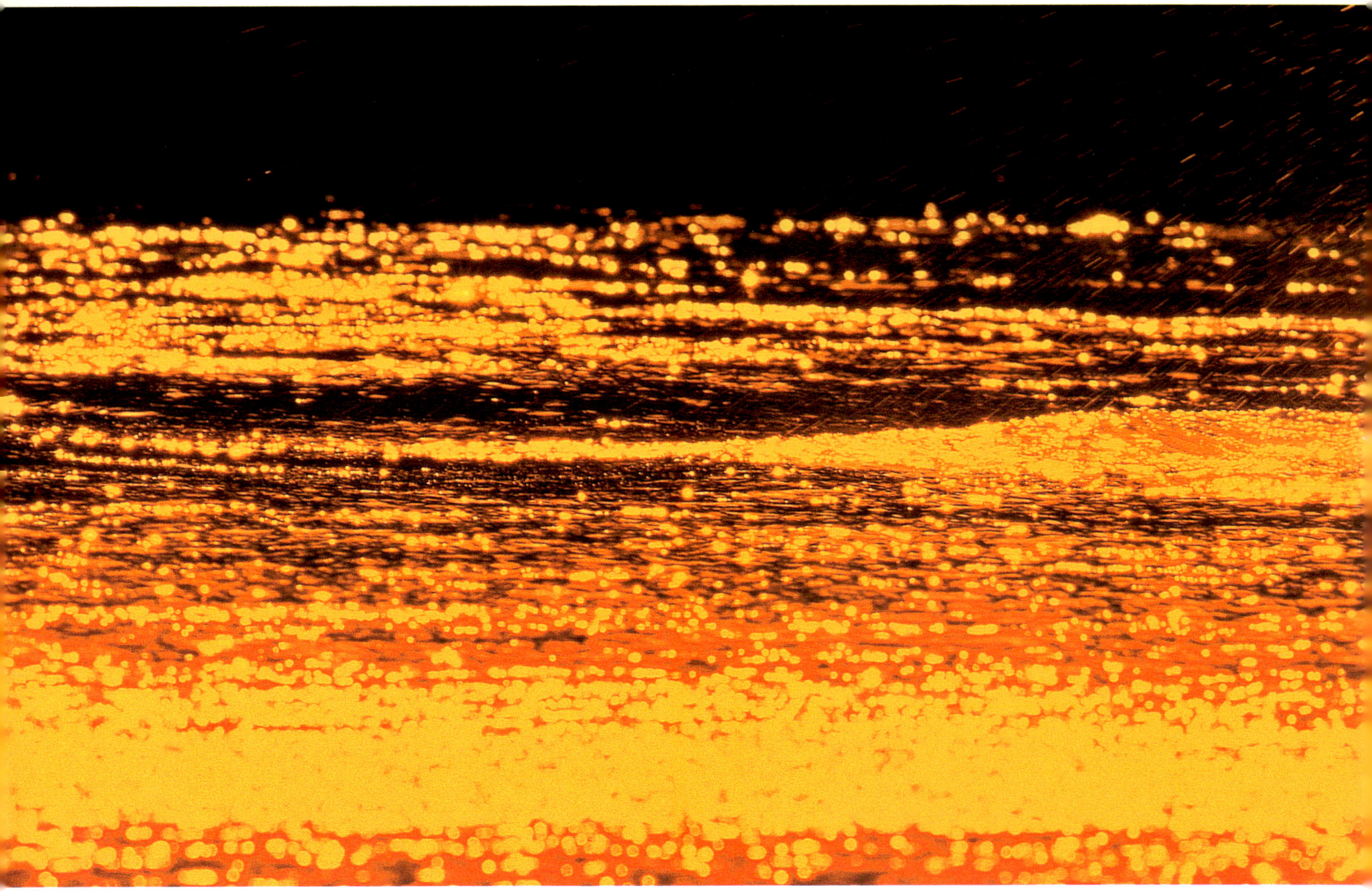

Umrisse des tauchenden Bären erkennen. Gemächlich, wie in einer Zeitlupenstudie, tappt er auf allen Vieren über den Grund. Der Kopf wendet sich mal links, mal rechts, nach toten Lachsen suchend. Dabei drückt er Luftblasen aus Maul und Nase, vermutlich, um seinen Auftrieb auszubalancieren.

Ich tauche jetzt 3 m neben ihm und filme. Die Strömung des Flusses macht sich bemerkbar. Als der Bär nach einem erneuten Luftholen wieder abtaucht, muss er sich gegen den Auftrieb und zugleich gegen die Strömung mit Schwimmbewegungen unter Wasser halten. Elegant wirkt der schwergewichtige Grizzly. Als ein toter Lachs genau auf ihn zutreibt und er den Fischleib mit den Pranken

umschließt, als finge er einen Ball, wird mir klar, was ich da gerade gefilmt habe: einen Bären, der es nicht nur geschafft hat, sehr alt zu werden und seinen Körper zu bewahren, der als Jagdtrophäe heiß begehrt wäre, sondern auch, sich eine Technik des Nahrungserwerbs anzueignen, die perfekt auf seine Bedürfnisse und seine durchs Alter eingeschränkten Möglichkeiten zugeschnitten ist. Mich beeindruckt die angewandte Lebenstüchtigkeit dieses einzelnen Tieres, das eine Chance nutzt, die die Natur ihm bietet.

Einmalige Überlebenstechnik

Zweimal noch habe ich die Gelegenheit, ihn beim Fischfang unter Wasser zu filmen. Bei aller Vertrautheit, die sich in den sechs Wochen entwickelt hat: Meine Furcht vor dem Riesen kann ich nicht ganz ablegen.

In den letzten Tagen verschlechtert sich das durchwachsene Novemberwetter rapide. In einer besonders heftigen Sturmnacht hören wir, dick vermummt in unseren Schlafsäcken, einen dumpfen Schlag neben unseren Zelten. Wir sehen vorsichtig hinaus: Ein großer Espenstamm war entwurzelt worden und hatte uns nur knapp verfehlt. „Das wäre es gewesen", sagte Steven. „Dem Grizzly entkommen, aber vom Baum erschlagen!"

Der Bär läuft in wenigen Metern Entfernung an mir vorbei. Generell lasse ich die Bären an mich herankommen und laufe ihnen nicht nach. So können sie selber über die Entfernung zu mir, die Ihnen behagt, entscheiden.

Ein paar Tage später knattert es in der Luft. Aus den Wolken, die
verdächtig nach Schnee aussehen, taucht die alte Beaver auf, ein
paar Tage früher als vereinbart. Der Wetterbericht habe einen
Blizzard vorausgesagt, erzählt der Pilot. Wir brechen das Camp ab.
Hochbefriedigt. Wir haben den Taucher gefunden und gefilmt –
ihn und seine vielleicht einmalige Überlebenstechnik.

Bei meinen Wanderungen und Streifzügen durch Alaskas Natur habe
ich immer wieder Knochen, auch große Schädel gefunden: von
Moschusochsen, von Karibus, von Elchen, oft in einem weiten
Umkreis verstreut und angenagt. Aber noch nie habe ich ein
komplettes Bären-Skelett gefunden. Offensichtlich sterben die
meisten Bären in der Winterruhe. Das würde sich mit meinen
Beobachtungen decken: Ganz alte Bären, selbst wenn sie schon
erbärmlich aussehen, schaffen es, noch den ganzen Sommer
zu überleben. Sie paaren sich nicht mehr, sie lassen sich auf keine
Konfrontation mehr ein, und so erreichen sie den Herbst und
schließlich ihre Höhle. Ohnehin ist gerade bei Bären der Drang
stark ausgeprägt, sich bei Verletzungen eine eigene Deckung zu
graben. Im Falle der ganz Alten wird die Höhle zur Deckung und
die Winterruhe zur letzten Ruhe, weshalb man kaum Überreste
von ihnen an der Oberfläche findet.

Das genügsame Schaf im Bärenpelz: das Dallschaf

Seine weichen Hufe finden perfekten Halt im harten Fels und bleiben selbst bei großer Kälte geschmeidig wie ein guter Winterreifen. Noch bei minus fünfzig Grad lassen die unzähligen Luftkanäle in der gewaltigen Ramsnase die eisige Luft vorgewärmt in die Lungen strömen. Ein Vereisen der Bronchien und Lungen ist so fast unmöglich. Weiß und lang, mit Luft gefüllt, gleicht sein Haar dem der Eisbären. Wie in Glasfaserkabeln wird das wenige Tageslicht des dunklen Winters präzise zum Körper gelenkt und dort in Wärme umgewandelt. Dichte, feine Unterwolle sorgt für eine zusätzliche Isolierung.

Nicht die Schneeziegen, auch wenn deren Name es vortäuscht, sondern die Dallschafe sind die nördlichsten Vertreter aller Boviden, also der schafs- und ziegenartigen Tiere. Im nördlichsten Gebirge der Welt, in der Brooks-Range im hohen Norden Alaskas, habe ich sie

gefilmt und fotografiert. Schneeziegen kommen hier nicht mehr vor. Denn das Futterangebot im Winter ist minimal: zu fressen gibt es bloß trockenes, gefrorenes Gras und Flechten. Nur die genügsamsten Tiere wie die Dallschafe, die bis zu 19 Jahre alt werden, können überleben. Die Männchen erreichen dabei ein Gewicht von 130 kg, die Weibchen knapp die Hälfte.

Ein Leben auf der Hut

Während des kurzen Sommers teilen sich die Dallschafe in Junggesellen-Gruppen auf. Die jüngeren und mittelalten Widder stehen meist in Rudeln zusammen. Ältere Widder leben gerne allein, nur von einem jüngeren, aufmerksam warnenden Adjutanten begleitet.

Einmal jährlich im Mai werfen die drei und mehr Jahre alten Schafe grauweiße Lämmer, die ihrer Mutter schon nach wenigen Stunden auf eigenen Füßen folgen und nach einer Woche damit beginnen, Pflanzen zu fressen. Die Altschafe sind jetzt besonders auf der Hut. Nicht nur Steinadler werden argwöhnisch beäugt. Mehrmals konnte ich beobachten, dass in dieser Zeit der bloße Anblick von Wölfen in sehr großer Entfernung (über 1 000 m) Auslöser für eine panikartige Flucht sein kann. Obwohl die Wölfe 500 Höhenmeter tiefer im Tal Jagd auf Karibukälber machten, also keine direkte

Gefahr für die Dallschafe waren, zogen sie sich mit ihrem Nachwuchs auf die unzugänglichsten Felsgrate zurück.

Begegnungen von Dallschafen und Bären sind eher selten, da beide in sehr unterschiedlichen Lebensräumen vorkommen. In die felsigen Hochgebirgsregionen der Dallschafe stoßen die Bären kaum vor. Selten sieht man Dallschafe unterhalb der Baumgrenze. Dennoch habe ich es mehrfach erlebt, dass Gruppen oder kleinere Herden versuchten, dort, wo zwei Gebirgsketten die geringste Entfernung voneinander hatten, von einer zur anderen zu ziehen. Dafür nahmen sie auch das Durchqueren von Tundra-Flachland in Kauf. Weil sie wissen, dass ihnen gerade dort Angriffe von Bären und Wölfen drohen, verhielten sie sich dabei außerordentlich nervös und vorsichtig.

Köstliche Sommerzeit

Silberwurz, schmackhafte Gräser, Gebirgsblumen, Zwergweiden: Im Sommer haben Dallschafe viel zu fressen. Hinzu kommt das Salzlecken. Denn der schwarzblaue Gneis ist in einigen Schichten reich an Sulfaten. Diese Stellen sind den Schafen gut bekannt.

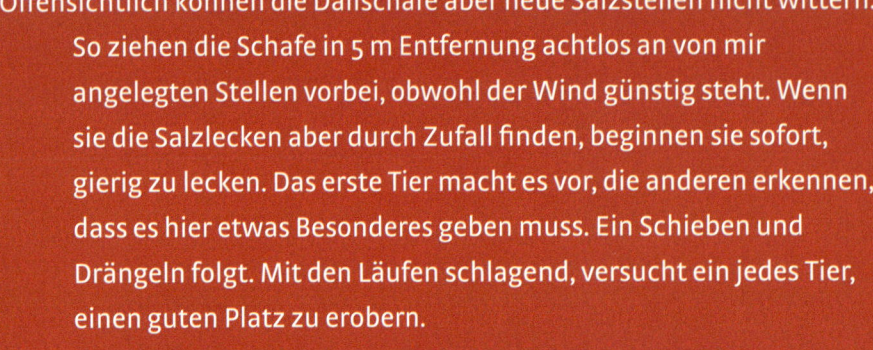

Offensichtlich können die Dallschafe aber neue Salzstellen nicht wittern. So ziehen die Schafe in 5 m Entfernung achtlos an von mir angelegten Stellen vorbei, obwohl der Wind günstig steht. Wenn sie die Salzlecken aber durch Zufall finden, beginnen sie sofort, gierig zu lecken. Das erste Tier macht es vor, die anderen erkennen, dass es hier etwas Besonderes geben muss. Ein Schieben und Drängeln folgt. Mit den Läufen schlagend, versucht ein jedes Tier, einen guten Platz zu erobern.

Liebesspiele im Winter

Dallschafe mögen es frostig. So liegt auch ihre Brunftzeit zwischen November und Mitte Dezember. Wichtige Voraussetzung für die Brunftkämpfe ist das stattliche Gehörn. Ein Widder wirft seine Hörner nicht ab. Sie wachsen kontinuierlich im Frühjahr, Sommer und frühen Herbst, aber nur verzögert oder gar nicht im Winter. Je nach Futtergrundlage und Veranlagung des einzelnen Widders zeigen sie erst nach fünf bis sieben Jahren die volle Drehung: den „full curl".

Um den Harem der brunftigen Altschafe kämpfen die Widder erbittert. Jüngere verlässt schon beim Anblick eines starken Gehörns der Mut. Wer sich stellt, signalisiert durch Aufstampfen des Vorderlaufs seine Kampfbereitschaft. Ohne einander aus den Augen zu lassen, entfernen sich die Kontrahenten einige Meter voneinander und setzen dann zum Rammstoß an. Erfahrene Widder versuchen, sich am Berg oberhalb ihres Gegners in Position zu bringen, damit ihr Stoß größere Wucht bekommt.

Nach so einem Aufprall stehen die beiden Widder meistens für einen Moment benommen da. Doch selten gibt einer schon nach dem ersten Zusammenprall auf. Drei bis fünf Runden, bei Moschusochsen sind es im Vergleich bis zu zwanzig, entscheiden über Sieg und Niederlage.

Nur auf den ersten Blick ähnelt die Schneeziege (unteres Bild) mit ihrem ebenfalls weißen Fell dem Dallschaf. Schneeziegen sind auch Kälte- und Kletterspezialisten, aber sie können in Alaska nicht so weit nördlich leben wie die Dallschafe.

In Gebieten, in denen Dallschafe vom Menschen nicht bejagt werden, entwickelt sich erstaunlich schnell eine große Vertrautheit.

Der Weite Weg
zu riesigen
Bären

Segelabenteuer
im Golf von Alaska

Unsere letzte und schließlich erfolgreiche Suche beginnen wir in Homer. Dort, zwischen der Alaska Peninsula und dem Kodiak-Archipel, verläuft die Shelikof Strait, eines der für Menschen gefährlichsten Wasser der Erde. Die relativ milde Luft des Nord-Pazifik trifft hier auf die eisigen Winde der Bering-See. Ständige Stürme sind die Folge. Hinzu kommen ein gewaltiger Tidenhub und starke Unterströmungen, die, wenn der Wind aus der falschen Richtung bläst, regelrechte Killerwellen aufbauen. Viele warnen uns, hier segeln zu wollen. Und manche halten meinen Freund Greg und mich für verrückt, als wir aufbrechen. Was wir dabei erleben, wie wir um Haaresbreite mit dem Leben davonkommen, ist eine eigene Geschichte.

Das Segelboot ist für die Bärensuche in dieser Gegend ein geeignetes Fortbewegungsmittel, denn die Heimatreviere der Bären haben an der Küste eine Größe von 180–220 km^2. Ihnen zu Fuß über längere Strecken zu folgen ist unmöglich. Auch mit den einmotorigen, schwimmer- oder skibestückten Flugzeugen kann man sich in diese zerklüftete und gebirgige, oft stürmische und wolken- und nebelverhangene Küstenregion nicht beliebig ausfliegen lassen. Das Segelboot vereint Schnelligkeit mit Erreichbarkeit aller Gebiete, zumindest von See aus. Der über eine große Winde einschwenkbare Ballastkiel reduziert den Tiefgang des Bootes auf etwa einen halben Meter. Damit ist es uns möglich auch Flüsse hinaufzufahren und in sehr flache Lagunen einzulaufen. Ein Kanu, das ich aussetzen kann, wenn wir in einer Bucht ankern, ist auch an Bord. Dieses Schlauchkanu hat mir in den vielen Jahren meiner Alaska- und Nordkanada-Expeditionen schon treue Dienste geleistet. Es ist schnell einsatzbereit, hat ein geringes Packmaß und eine sehr hohe Zuladung. – Sein einziger Nachteil: Es ist aus Gummi, und Bären lieben Gummi. Dem Geruch und seiner Flexibilität können sie nicht wiederstehen, sie müssen einfach hineinbeißen.

Von Wellen umtost: Die Steller-Seelöwen des Nordpazifik sind doppelt so groß wie ihre kalifornischen Verwandten.

Die Bären von
Kodiak und der Alaska
Peninsula

Die Shelikof Strait lag während der bisher letzten Kaltphase, vor 50 000 bis 15 000 Jahren, trocken. Über diese Landbrücke wanderten die Bären auf den Inselsockel des heutigen Kodiak-Archipels ein und entwickelten sich dort isoliert zu einer eigenen Unterart. Wissenschaftler unterscheiden zwischen dem *Ursus arctos horribilis* des nordamerikanischen Festlands und dem *Ursus arctos middendorffi*, dem Braunbären der Insel Kodiak. So sollen Kodiak-Bären einen breiteren und massigeren Schädel haben, eine kürzere Winterruhe halten und bis zu vier Junge führen. All das konnte ich aber auch bei Bären auf der Alaska Peninsula beobachten.

Der pazifische Klippenausternfischer – hier mit seinen einen Tag alten Küken – hat im Gegensatz zum europäischen Austernfischer ein schwarzes Gefieder.

Es gelten Goldgräber-Regeln

Präzise geographische Informationen darüber, wo welche Tiere am besten zu finden sind, werde ich hier nicht geben und nehme dafür den Vorwurf in Kauf, meine Funde seien nicht nachprüfbar. Doch die Zahl der in Alaska tätigen Naturfotografen ist überschaubar, noch kleiner diejenige der Naturfilmer. Die Brunftplätze von Elchen oder die Gebiete zu kennen, in denen Moschusochsen, Dallschafe, Schneeziegen oder eben auch Grizzlys sich mit einiger Zuverlässigkeit auch noch in kommenden Jahren bewegen werden, bedeutet für einen Naturfilmer, falls er sein Arbeitsfeld nicht nur auf die Naturreservate beschränkt, ähnlich viel wie früher für einen Goldsucher sein „claim". Man wird diese Orte so lange wie es nur geht als Geheimnis hüten.

Durch den einschwenkbaren Kiel konnten wir das Boot bei Ebbe trocken fallen lassen.

Gute Gründe für große Bären

Die Lebensbedingungen an der Südostküste Alaskas sind so extrem wie gut. Die Aleuten, die hier beginnen, sind vulkanischen Ursprungs. Der dominante Vulkan der Küstenregion ist der Mount Katmai, zu dem sich vier kleinere Vulkane vereinen. Er gehört zu dem Typus der explosiven Vulkane, die rings um den Pazifik eine Kette bilden. Heute, über 90 Jahre nach der weltweit größten Eruption des 20. Jahrhunderts, sind die Spuren immer noch sichtbar: die Spuren des verheerenden Ausbruchs im Jahre 1912. Damals explodierte im Katmai-Vulkan Novarupta eine unterirdische Gasblase, der Knall wurde im 750 km entfernten Juneau, der Hauptstadt Alaskas, deutlich gehört.

Die ganze Region und der Kodiak-Archipel waren damals mit einer 10–15 cm dicken Ascheschicht bedeckt, die nachhaltig alles Leben erstickt zu haben schien. Aber das milde Klima, die vielen Niederschläge und die relative Fruchtbarkeit der aschebedeckten Erde führten zur baldigen Wiederbelebung. Die Gründe für die

Größe der Bären hängen damit zusammen. Das maritime Klima ist für Bären ausgesprochen mild. Im Gegensatz zu ihren Verwandten in Zentralalaska, die mehr als sechs Monate Winterruhe halten und sich dabei stark aufzehren, genügen den Küstenbären, also auch denen auf Kodiak, anderthalb bis zwei Monate Winterruhe. In milden Wintern kommen sie mit noch weniger aus.

Bei Niedrigwasser suchen die Bären regelmäßig die Flachwasserregionen nach Fressbarem ab. Hier finden sie proteinreiche Kost wie zum Beispiel Muscheln.

Außerdem haben die maritimen Bären vom Frühjahr bis zum Herbst
Zugang zu proteinreicher Nahrung. Im Frühjahr besteht die
Hauptnahrung der Küstenbären aus Muscheln, die sie aus dem
Watt ausgraben, und einem fetten, eiweiß- und mineralstoffrei-
chen Gras, das ich auch für Menschen als essbar bezeichnen kann.
Im vorigen Jahr sah ich einmal 28 Braunbären so „grasen".
Auf den ersten Blick wirkten sie wie äsende Büffel, mit ihrem
langen Fell und dem typischen „hump", ihrem Buckel. Wer zu
dieser Zeit zum ersten Mal nach Alaska kommt, wird den Eindruck
gewinnen, die Gegend sei völlig von Bären übervölkert. Das ist aber
nicht so. Die Ansammlung ist vorübergehend und nur saisonal.

Die hier lebenden Bären ziehen schon im zeitigen Frühjahr auf Futtersuche ins Watt. Der Mond erzeugt hier einen der größten regelmäßigen Tidenhube der Welt. Die Stände von Hoch- und Niedrigwasser differieren um bis zu 30 Fuß, mehr als 10 m. Die Gezeiten-
ströme, die fast immer herrschenden starken Winde und die dazu
gegenläufigen Unterströmungen bauen Strudel und Wellen auf,

die in anderen Regionen selten so häufig zu sehen sind. Ein unglaublicher Reichtum an Krabben und Krebsen ist eine Ursache, weshalb auch die menschenleeren Küsten der Alaska Peninsula und der Aleuten mit den Überresten der ehemaligen Fischereiindustrie und Konservenfabriken gesäumt sind.

Bären sind dann standorttreu, wenn sie gute Futtergründe gefunden haben. Sie lassen sich gut aus der Luft „spotten", also entdecken, wenn man ungefähr weiß, welche Nahrung sie bevorzugen. Deshalb verbietet ein alaskanisches Gesetz jedem Jäger, einen Bären am selben Tag zu bejagen, an dem er ihn aus der Luft entdeckt hat. In den 1930er Jahren begann hier der Jagdtourismus. Wer den Elefanten in Afrika und das Marco-Polo-Schaf im Himalaya geschossen hatte, den zog es hierher, zu den kapitalen Bären. Die alten Schwarz-Weiß-Aufnahmen von Jägern und ihren Trophäen muten unglaublich an, aber sie sind authentisch. Auf der Hinterpfote aufgerichtet erreichten diese gigantischen Exemplare 4 m Höhe.

Auf den großen Wattflächen, die bei Ebbe nur für kurze Zeit trocken liegen, graben die Braunbären regelmäßig nach den sehr fett- und eiweißhaltigen Jacobsmuscheln.

Gefährliche Missverständnisse

Große Braunbären sind eine vermeidbare Gefahr für Jäger und Angler. Die Ursache für die meisten Unfälle ist ein Missverständnis. Wird ein Sportfischer von einem Grizzly angegriffen, graben Menschen schnell die alte Fehde wieder aus. Ich würde den Angriff so übersetzen: Der Angler hat wahrscheinlich, hocherfreut über die fischreichen Gründe, den besten Fangplatz eines Bären besetzt. Ist dieser ein vorsichtiger Typ, wird er resignieren und gehen, vielleicht sogar ohne sich dem Angler überhaupt zu zeigen. Ist er aber tough, wird er einen Gegenangriff starten. Angefangen aber hat der Angler. So zumindest sieht das der Bär. Der Mensch jedoch fühlt sich hinterhältig überfallen.

Eine zweite Situation, typisch für Bären-Attacken: Jäger, die ein Karibu oder einen Elch geschossen haben und ihre Beute ausnehmen oder nach einigen Stunden zum erlegten Tier zurückkommen, sind immer in Gefahr. Ein Bär wittert natürlich den Kadaver und wird, sofern er sich stark und selbstbewusst genug fühlt, das tun, was er gegenüber jedem Artgenossen auch versuchen würde, nämlich dem Fresskonkurrenten die Beute abjagen. Die normale Neigung wird verstärkt, wenn der Bär hungrig ist und noch keine schlechten Erfahrungen mit Menschen gemacht hat.

Es sind die guten Erfahrungen, die die kostbarsten Erlebnisse zwischen Mensch und Bär hervorbringen. Eine Ahnung davon soll dieses Buch vermitteln.

Nur selten erscheinen so große Küstenbraunbären zum Grasen direkt vor uns.

Der **Nomade** des Nordens: **das Karibu**

Seine großen, konkav geformten und spreizbaren Hufe sinken im Schnee und auf weichem Tundra-Boden kaum ein. Einen wirksamen Schutz vor der eisigen Kälte bieten die luftgefüllten, hohlen Strukturhaare des dichten Fells. Das Karibu ist zudem die einzige Hirschart, bei der auch die Weibchen ein Geweih tragen.

Mit ihren weltweit sieben Unterarten sind Karibus die häufigste Huftierart der Erde. Die größten Herden in Alaska sind die Porcupine-, die Mulchatna- und die Western-Arctic-Herde, etwas kleiner die Forty-Miles- und die Central-Arctic-Herde. Mit jeweils 50 000 bis 250 000 Tieren unternehmen sie als echte Nomaden des Nordens weitläufige Wanderungen. Sie alle unterliegen starken Populationsschwankungen, verursacht durch das Zusammenwirken vieler Faktoren: Bären und Wölfe, strenge Winter, Klimaschwankungen, Übervölkerung, Ausbrüche von Krankheiten und Rückgang ihrer Futterpflanzen. Geschätzte 950 000 Karibus bevölkern Alaska und die Grenzgebiete zu Kanada, das Yukon-Territorium. Angesichts der enormen Ausdehnung dieser Landfläche ist das keine so große Zahl.

Ob in großen Herden oder in kleinen Trupps: Karibus sind ständig auf Wanderschaft.

Karibus müssen ständig ziehen, um ausreichend Futter zu finden. Zwischen Sommer- und Wintereinständen liegen mehr als 500 km. Da ihre bevorzugten sensiblen Nahrungspflanzen, Flechten und Moose, in der Tundra nicht so rasch nachwachsen wie sie gefressen werden, verlagern die Karibus ihre wie in einem Uhrwerk ablaufenden Wanderungen jährlich um einige Meilen.

Einblicke ins Herdenleben

Brunftkämpfe zwischen Karibu-Hirschen sind meistens kurz und sehr heftig. Da ihre Geweihe leicht sind, werden die Kämpfe enorm schnell und mit einer imposanten, überraschenden Dynamik ausgetragen. Einige verlaufen tödlich. Anders als viele Vertreter der Hirsch-Familie kontrollieren die Bullen keinen Harem, sondern einen gewissen Raum um sich selbst herum. Innerhalb dieses Raumes halten sie andere Bullen davon ab, sich mit einem Weibchen zu paaren.

Die Kühe sind jedes Jahr trächtig und setzen Mitte bis Ende Mai ein ca. 6 kg schweres Kalb. Es wächst sehr schnell und verdoppelt sein Gewicht in 14 Tagen. Kälber sind eine bevorzugte Beute für Wölfe und Grizzlys, die eine große Anzahl der Neugeborenen töten. Um Raubtiere und die quälenden Insekten zu meiden, stellen sich Karibus nach dem Kalben in vielköpfigen Gruppen sowohl in kühlen Gebirgen als auch an den windigen Meeresküsten zusammen.

Als in den 70er Jahren die große Öl-Pipeline durch Alaska hinauf nach Prudhoe Bay gebaut wurde, befürchteten viele Naturschützer, dass diese von Menschen geschlagene und zeitweise bevölkerte Trasse die Karibus nachhaltig stören würde. Obwohl es einige Irritationen im Kalbungsgrund nahe Prudhoe gab, passten sich die Herdentiere gut an.

Moose, Flechten, Beeren und Pilze bilden die Nahrung der Karibus.

Mit Indianerlist ausgetrickst

Obwohl Karibus nicht schwer zu finden sind, ging beim Filmen dieser Tiere am meisten schief. Hört man die Zahlen, stellt man sich Szenen vor wie die Bison-Massen in dem Film „Der mit dem Wolf tanzt". Leider nichts davon: Zweimal kam ich einige Tag zu spät und sah nur noch die Spuren einer Massenwanderung, die längst woanders stattfand. Oder ich fand eine Herde und wartete mit meiner Kamera am Rande der ausgetrampelten Pfade, aber es kamen nur versprengte Grüppchen von Karibus heran, keine geschlossene und beeindruckende Masse. Diese bildeten sie erst in der angrenzenden Taiga, in der ich sie wiederum nicht filmen konnte.

Für Einzelaufnahmen half ich mir mit einem Trick, den mir ein alter Indianer verraten hatte und den ich seitdem beherzige. Wenn eine Karibu-Herde stoppt, äsen die Tiere nicht geschlossen, sondern verteilen sich in Grüppchen auf einem großen Gebiet. So kommen alle an gutes Futter. Droht Gefahr, stellen sie den weißen Wedel, ihren Schwanz, auf.

Der Wind steht vom Karibu auf mich zu, sodass es keine Witterung bekommt. Ich liege in Deckung und hebe meinen Arm und schwenke mit knappen Bewegungen mein Taschentuch, das den weißen Wedel imitieren soll. Da Karibus schnell sind, hält sich ihre Scheu in Grenzen. Auch bei meinem Tier überwiegt die Neugier deutlich, und es kommt näher, um zu sehen, warum sein vermeintlicher Artgenosse mit dem Schwanz warnt. 40, 30, schließlich 15 m – dann begreift es den Betrug, dreht und läuft davon. Es ist so nah herangekommen, dass ich das klackende Geräusch höre, das die springenden Sehnen – nicht die Gelenke – bei jedem Schritt verursachen.

15 m, das war die klassische Bogenschussentfernung der steinzeitlichen Jäger, die ohne Karibus die Gebiete des hohen Nordens nicht hätten besiedeln können. Sie bildeten ihre Nahrungsgrundlage, lieferten Fell und Haut für die Kleidung der Menschen. In den meisten nordischen Landstrichen standen dafür unerschöpflich viele Karibus zur Verfügung.

Wölfe verletzen größere Beutetiere oft nur und belauern sie tagelang, bis die Tiere schließlich sehr geschwächt sind.

Meine ersten Giganten

Meinen ersten Sichtkontakt mit einem Riesenbären habe ich vom Boot aus. Gut 1000 m entfernt sehen Greg und ich zwei auffallend starke Bären beim Paarungsritual. Das Männchen dürfte über 15 Zentner wiegen und hat einen riesigen Schädel. Da Bärenpaarungen selten von Menschen beobachtet werden, will ich sie filmen, paddele mit dem Boot hinüber und pirsche mich heran: 150 m, dann 100 m. Das riesige Männchen ist inzwischen dem etwas schwächeren Weibchen voll aufgeritten und beißt es in den Nacken – als plötzlich der Wind dreht.

Es wird nur Sekunden dauern, bis die beiden Witterung von mir bekommen. Das Weibchen riecht sie zuerst, hebt den Kopf, reckt die Nase hoch in die Luft. Das Männchen, das von der Paarung deutlich mehr eingenommen ist, braucht etwas länger, bis es meine Witterung einer irgendwann einmal erlebten lebensbedrohlichen Gefahr zuordnet und unverzüglich handelt. Der Bär springt von seiner Gefährtin herunter und rennt davon, den nahen Hang hoch, auf der anderen Seite hinunter – er rauscht hörbar durch den Erlenbusch – und den nächsten Hang wieder hoch. Erst oben auf dem lang gezogenen Grat bleibt er stehen und blickt zurück – ein altes Männchen, das mit Jägern schlechte Erfahrungen gemacht haben muss. Bären haben ein sehr, sehr gutes Gedächtnis.

Die Bärin bleibt von meiner Anwesenheit beinahe ungerührt. Zuerst sucht sie recht gleichgültig im Gestrüpp herum, dann wendet sie sich von mir ab und stattdessen der nahrungsreicheren Küste und dem Seafood zu. Nur ab und an wirft sie mir einen schnellen Blick aus den Augenwinkeln zu.

Den großen Bären auf der Spur

Nach meinen Erfahrungen aus den letzten Jahren ist mir klar, dass die größten Braunbären nur dort leben können, wo der Mensch noch nicht vorgedrungen ist, und auf Kodiak. Doch der Archipel ist in dieser Hinsicht eine Enttäuschung. Wir sehen zwar jede Menge Bären, aber nicht mal die Spur eines großen. Bei einem durchschnittlichen ausgewachsenen Braunbären ist der Vorderfußabdruck knapp unter 30 cm lang und 20 cm breit. Markant ist der Abdruck des Hinterfußes, mindestens 30 cm lang und knapp halb so breit. Man könnte denken, hier wäre ein sehr großer Mensch

In nur wenigen Tagen wurden diese neugierigen Rotfüchse fast handzahm.

barfuß entlanggelaufen, wäre da nicht unsere große Zehe, die beim Bären die kleinste ist, und die meist sehr deutlichen Abdrücke der langen Krallen. Die leicht einwärts gedrehten Füße hinterlassen im Schnee eine schwankende Linie, als ob ein harmloses, großes Wesen hier entlanggegangen wäre, unbeleckt von Existenzkämpfen und Daseinshärten. Braunbären bewegen sich nicht gerade energiesparend fort. Ihr schaukelnder Gang ist relativ kraftaufwendig.

Die Suche geht also weiter. Wir verlassen den Kodiak-Archipel, segeln an der Küste der Aleuten, dieser den Winden trotzenden Kette von rund 150 Inseln mit zahlreichen Vulkanen, entlang. Auf ihrer Südseite erzeugt der Kuroschio, ein von Japan herüberkommender, warmer Meeresstrom, ein relativ mildes Klima. Die Küsten sind oft nebelverhangen, stürmisch, und es regnet viel. Für Bären ein gutes Klima: Hier gibt es viele Lachse und so gut wie keine Menschen.

Diese Fährte ist noch keine Stunde alt. Der große Bär muss ganz in der Nähe sein.

Weit abseits der Zivilisation

Je weiter wir uns von der Zivilisation entfernen, desto vorbehaltloser
werden die Tiere. Die ersten großen Bären kommen in Sicht. Sie
verhalten sich nicht vertraut. Hier wollen wir fündig werden. Bald
segeln wir in eine Bucht von mehr als 20 km Durchmesser, die
geeignet scheint. Wir ankern und bleiben einen Monat. Es ist Juni.
Immer wieder gibt es Sturm, Starkregen fällt. Unser Liegeplatz
ist relativ sicher, sicher vor dem Ozean und seinen Extremwellen.
Acht Stunden am Tag können wir das Boot trocken fallen lassen.

Wie die Braunbären
leben Weißkopf-
seeadler für Monate
fast ausschließlich
von Lachsen.

Durch Zufall finden wir einen Gletscherabfluss, der im Laufe der Jahre
seinen Lauf verändert hat. Alle Karten dieser Gegend stammen aus
den 60er und selten 70er Jahren. Es gibt außer Menschen wie uns
scheinbar niemanden, für den sich eine Neu-Vermessung nach den
schweren Erdbeben von 1962/64 lohnen würde. So muss man
besonders bei Riffangaben sehr vorsichtig sein. Durch die Platten-
verschiebungen und den Vulkanismus im Westen Alaskas haben
sich ganze Gebiete abgesenkt oder sind angehoben worden,
dadurch findet man abgestorbene Wälder, die komplett im Wasser
stehen.

Bei Hochwasser können wir ein Stück flussaufwärts paddeln. Wir sehen
einen großen männlichen Bären. Er verfolgt eine paarungsbereite
Bärin, ist aber nie so abgelenkt, dass er das Sichern vergisst,
und verhält sich insgesamt auffallend scheu. Sobald er Wind von
uns bekommt, entfernt er sich und verschwindet schließlich ganz.
Bei klarem Wetter segeln wir weiter.

Die Lagune der Bären

Erst ziemlich gegen Ende dieses Trips, es ist inzwischen Mitte August, an einer wunderschönen Stelle der Aleutenküste, in einer riesigen Lagune, die sich bei Niedrigwasser teilweise entleert, finden wir, wonach wir suchen. Dieser Platz ist völlig abgelegen, nicht anfliegbar. Ringsum stehen noch von der alten Asche des Novarupta-Ausbruchs bedeckte Berge. Eine Gegend, in der die Tiere seit langer Zeit die Sicherheit hatten, unbehelligt zu leben. Eine Gegend, die mehrere „fish-runs" im Jahr hat. Schon bei unserer Ankunft stehen im flachen Wasser ein Dutzend Bären und jagen Lachse. Die Szenerie wirkt wie das Getriebe eines Anglercamps, man vermisst nur die Rufe und den einen oder anderen Angler, der sich lieber fernhält und im Stillen gute Beute macht.

An einem Morgen fahre ich mit unserem Kanu den Fluss hinauf. Hin und wieder muss ich treideln und entdecke unvermittelt Spuren: Die Trittsiegel sind riesig und die Schrittlänge liegt deutlich über anderthalb Meter. Die Spuren verraten, dass hier ein sehr, sehr großer Bär seine Fährte zieht. Die Kotballen, groß wie Maulwurfshügel, sehe ich mir näher an. Dieser Bär frisst, trotz des aktuell reichlichen Angebotes, nicht nur Fisch, sondern massenhaft Rispen abgeblühter Gräser. Eines ist nach diesen wenigen Indizien klar: Dieser Bär hat mich früher bemerkt als ich ihn. Und es ist auch klar, dass es keinen Sinn hat, ihn zu Fuß zu suchen. Die Hänge sind unten mit Erlenbusch dicht bewachsen, dazwischen stehen einzelne Weiden, ideale Deckung für ihn.

Mir bleibt nichts anderes übrig als entweder an einer geeigneten Stelle
auf ihn zu warten oder mit dem Kanu planlos weiterzufahren.
Im Oberlauf des Flusses gibt es eine Stelle, wo eine leichte Biegung
Wasserstrudel erzeugt, die in den Jahren tiefe Stellen und einen
größeren Pool ausgebildet haben – ein zum Filmen fast spektaku-
lärer Ort. Ich ziehe das Kanu auf den Strand und warte. Es gibt dort

viele Lachse, aber nur vereinzelt Bären. Abends dann, ganz plötzlich, taucht ein Koloss am anderen Ufer auf. Dieser Bär ist gewaltig. Ich schätze ihn auf knapp unter 4 m, sein Gewicht, jetzt, so kurz vor dem Herbst, auf mindestens eine Tonne. Imposant steht er da. Ich habe meinen Riesenbären gefunden. Oder hat er mich gefunden?

Der Koloss weiß, dass ich da bin, davon gehe ich aus. Er nimmt meine
Witterung auf, meinen Geruch, genauso wie ich seine Spuren
gelesen habe. 30 m Luftlinie und ein Fluss bilden den Mindestab-
stand zwischen uns, den er aufmerksam einhält. Offenbar hat
er mich als ungefährlich eingestuft. Sensibel und mit wachem Sinn
lässt er mich aber nie aus den Augen. Als ich von der Filmkamera
zu meinem Kanu gehe und wieder zurück, fühlt er sich schon sichtbar gestört.

Mit 126 000 Haaren pro Quadratzentimeter hat der Seeotter von allen Säugetieren das dichteste Fell.

Mit seinen Artgenossen flussabwärts hat er nicht viel zu tun und meidet die Unruhe. Riesenbären sind scheinbar keine dominanten Super-Bären, sondern sehr vorsichtige Großväter ohne spektakuläres Verhalten, manchmal von den eigenen, kleineren, aber aggressive-ren Söhnen abgedrängt. Unter Umständen sind sie über 30 Jahre alt, also nahe am Höchstalter, und zu langen Wanderungen gar nicht mehr in der Lage. Massig und sehr souverän haben sie mehr als zehn Jahre lang ihren biologischen Auftrag erfüllt.

Langsam kommt die Dämmerung. Plötzlich und völlig lautlos verschwindet der Riese, der jetzt noch wuchtiger wirkt, im Halbdunkel.
Ich bleibe ein paar Tage an dieser Stelle, aber er kehrt nicht mehr zurück. Beim Spähen entdecke ich eine seiner Lagerstätten. Bären graben sich gern mit ihren langen Krallen ein Loch für ihren Bauch, um sich dann ausgestreckt hinzulegen. Allein diese Grube war 2 m lang.

Wenn ich Zwischenbilanz ziehe, kann ich sagen, dass ich meine intensiven Erlebnisse nicht mit Bären hatte, die durch ihre Größe hervorstachen, sondern mit Bärinnen und ihren Jungen und mit jungen Männchen, die in mir keinen Fresskonkurrenten sahen.

Meine Suche nach den Riesenbären ist zu Ende. Ich habe die großen Bären gefunden, ganz am äußersten Ende des amerikanischen Kontinents, in einer Region, in die Menschen nur selten vordringen. Am meisten beeindruckte mich die Gelassenheit und Souveränität der Riesen. Dadurch waren mir tiefe Einblicke in ihr Leben möglich, auch wenn ein Teil meiner Aktionen bestimmt nicht zur Nachahmung empfohlen werden kann.

Als Tierfilmer und Fotograf bin ich mit ganzer Leidenschaft bei der Abeit. So verstehe ich es auch als Aufgabe und Verpflichtung, dem Zuschauer und Leser Bilder und Geschichten so zu präsentieren, wie er sie selber nie zu Gesicht bekommen und erleben wird. Für mich ist das Kapitel Bären noch lange nicht abgeschlossen. Während ich diese Zeilen schreibe, kann ich es schon gar nicht mehr erwarten, wieder zu ihnen zurückzukehren.

Service

Buchtipps für Bärenfreunde und Alaska-Fans

Alaska Geographic Society: Alaska's Bears. Alaska Geographic Volume 20, No. 4, Anchorage, AK 1993.

Barnes, Victor G. Jr. & Smith, Roger B.: Cub adoption by brown bears, *Ursus arctos middendorffi,* on Kodiak Island, Alaska. Canadian Field-Naturalist, 107(3):365-367, 1993.

Barnes, Victor G. Jr. & Smith, Roger B.: Survival and productivity of female brown bears on Kodiak Island, Alaska. Progress Report, Kodiak Brown Bear Research and Habitat Maintenance Trust, 1992.

Barnes, Victor G.: Brown bear-human interactions associated with deer hunting on Kodiak Island. Int. Conf. Bear Res. and Manage. 9(1): 63-73, 1994.

Barnes, Victor G.: The influence of salmon availability on movements and range of brown bears on southwest Kodiak Island. Int. Conf. Bear Res. and Manage 8:305-313, 1990.

Bernhart, Udo: Alaska-Abenteuer am Polarkreis. J. Berg Verlag in der F. Bruckmann KG, München 1991.

Cropp, Wolf-Ulrich: Alaska-Fieber. Wildnis, Abenteuer, Einsamkeit. Frederking & Thaler Verlag, München 1989.

Hawks, John: Abenteuer unter den Pelzjägern in Alaska. Suhrkamp Verlag, Frankfurt/Main 1988.

Herrero, Steven: Bear attacks, their causes and avoidance. Lyons & Burford Publishers, New York, NY 1985.

Jeier, Thomas: Die Eskimos. Geschichte und Schicksale der Jäger im Hohen Norden. Econ Verlag, Düsseldorf 1979.

Kreutzkamp, Dieter & Breiter, Matthias: Naturreiseführer Westkanada/Alaska. Reisen und Erleben – Tiere und Pflanzen entdecken. Kosmos-Verlag, Stuttgart 1999.

London, Jack: Alaska-Erzählungen. Fischer Taschenbuch Verlag, Frankfurt 1996.

Lynch, Wayne: Bears – monarchs of the northern wilderness. The Mountaineers, Seattle, WA 1993.

Meissner, Hans-Otto: Bezaubernde Wildnis. J. G. Cotta'sche Buchhandlung Nachf. GmbH, Stuttgart 1963.

Memminger Hans: Die Arktis im Kajak. Von Grönland nach Kanada, 2400 Kilometer durch das Eismeer. Rosenheimer Verlagshaus, Rosenheim 1990.

Miller, Stering D.: The influence of salmon availability on survivorship of young bears. Wildl. Soc. Bull. 18:462-467, 1990.

Murie, Adolph: The Grizzlies of Mt. McKinley. University of Washington Press, Seattle, WA 1987.

Rasmussen, Knud: Die Gabe des Adlers. Eskimomythen aus Alaska. Verlag Clemens Zerling, Berlin 1996.

Rockwell, David: Giving voice to bear. Roberts Rinehart Publishers, Niwot, CO 1991.

Smith, David: Backcountry Bear Basic. The Mountaineers, Seattle, WA 1997.

Stirling, Ian (Con. Ed.): Bears – majestic creatures of the wild. Rodale Press, Emmaus, PA 1993.

Walker, Tom & Aumiller, Larry: River of bears. Voyager Press, Stillwater, MN 1993.

Wichtige und nützliche Adressen

Additional Books and Maps,
Alaska Natural History Association
605 W 4th Ave, Suite 85
Anchorage, AK 99501-2248
Tel.: (907) 274-8440

Alagnak National Wild River
National Park Office
P.O. Box 7
King Salmon, AK 99613
Tel.: (907) 246-3305

Becharof National Wildlife Refuge
Refuge Manager
P.O. Box 277
King Salmon, AK 99613
Tel.: (907) 246-3339

Denali National Park and Preserve
P.O. Box 9
Denali National Park, AK 99755
Tel.: (907) 683-2294

Katmai National Park
National Park Office
P.O. Box 7
King Salmon, AK 99613
Tel.: (907) 246-3305

**McNeil River State Game Refuge
and State Game Sanctuary
Alaska Department of Fish an Game
Divison of Wildlife Conservation**
333 Rasperry RD
Anchorage, AK 99518
Tel.: (907) 267-2180

**Wrangell-St. Elias National Park
and Preserve Alaska**
P.O. Box 439
Copper Center, AK 99573
Tel.: (907)822-5234

Bildnachweis und Impressum

Mit 210 Farbfotos:

183 vom Autor Andreas Kieling, außerdem 5 von Oakley Cochran (Seiten 48/49 oben, 57 beide, 128, 138 unten), 1 von Ryan Hill (Seite 13), 3 von Steven Kazlowski (Seiten 29 oben, 30/31, 72 oben), 1 von Erik Kieling (Seite 14 oben), 1 von Marc Miller (Seite 38 rechts), 8 von Steven Nourse (Seiten 4 Mitte und unten, 16/17, 53, 62/63, 75, 99 unten, 109), 2 von Romano Schenk (Seiten 9 Mitte, 117 oben links) und 5 von Greg A. Syverson (Seiten 59 rechts, 61 rechts, 120, 123, 138 oben). Der Rechteinhaber des Schwarz-Weiß-Fotos auf Seite 14 (Mitte) konnte trotz großer Bemühungen nicht ermittelt werden. Der Rechteinhaber möge sich ggf. beim Verlag melden. Das Bild wurde entnommen aus dem Buch von Marvin H. Clark, Jr., „Track of the Kodiak", Great Northwest Publishing and Distributing Company, Anchorage, Alaska, 1984.

Text von Andreas Kieling unter Mitarbeit von Christan Trutschel

Danksagung
Für die Unterstützung meiner Expeditionen möchte mich bei folgenden Firmen ganz herzlich bedanken: FJÄLL RÄVEN, MEINDL, Carl Zeiss Sports Optics, Canon Inc. und Grabner Luftboote. Weiter gilt mein Dank der Community of Kodiak City und dem Institute of Arctic Biology der University Fairbanks Alaska. Ohne die Mithilfe von David Neel jr., Mike Stockburger, Rachel Syverson sowie meiner Freunde Steven Nourse, Greg A. Syverson, Steven Kazlowski, John Bartolino, Stefan Meyers, Eberhard Brunner und Oakley Cochran wären viele Erlebnisse und Dokumentationen nicht möglich gewesen. Ihnen und nicht zuletzt meiner lieben und toleranten Frau Birgit, die mich seit nunmehr 21 Jahren immer wieder für lange Zeit in die Welt ziehen lässt, möchte ich meinen großen Dank aussprechen.
Andreas Kieling

Umschlaggestaltung von eStudio Calamar unter Verwendung von 6 Aufnahmen: 4 von Andreas Kieling (Titelfoto Bärenporträt, Fotos auf der Umschlagsrückseite: Jungbären im Spielkampf, Alaska-Elch, Bärenmutter mit Jungen), 1 von Oakley Cochran (Foto auf der Umschlagsrückseite links: Andreas Kieling filmt Bär) und 1 von Romano Schenk (vordere Umschlagsklappe).

Bibliografische Information der Deutschen Bibliothek
Die Deutsche Bibliothek verzeichnet diese Publikation in der Deutschen Nationalbibliografie; detaillierte bibliografische Daten sind im Internet über http://dnb.ddb.de abrufbar.

Bücher · Kalender · Spiele
Experimentierkästen · CDs · Videos

Natur · Garten & Zimmerpflanzen ·
Heimtiere · Pferde & Reiten ·
Astronomie · Angeln & Jagd ·
Eisenbahn & Nutzfahrzeuge ·
Kinder & Jugend

Informationen senden wir Ihnen gerne zu

KOSMOS

Postfach 10 60 11
D-70049 Stuttgart
TELEFON +49 (0)711-2191-0
FAX +49 (0)711-2191-422
WEB www.kosmos.de
E-MAIL info@kosmos.de

Gedruckt auf chlorfrei gebleichtem Papier

© 2003, Franckh-Kosmos Verlags-GmbH & Co., Stuttgart
Alle Rechte vorbehalten
ISBN 3-440-09545-2
Lektorat: Stefanie Tommes, Carsten Schröder
Produktion: Ralf Paucke, Lilo Pabel
Gestaltungskonzept und Satz: eStudio Calamar
Printed in Germany/Imprimé en Allemagne

KOSMOS

Vögel kennen lernen einmal anders

Fliegen wie ein Vogel – fliegen mit den Vögeln. Christian Moullec prägte 30 Gänseküken auf sich, zog sie auf und flog ihnen in seinem Ultraleichtflugzeug auf dem Weg in ein ungefährliches Winterquartier voran. Die abenteuerliche Reise führte von Schweden bis an den Niederrhein. Durch die großartigen Fotos nehmen wir Teil am „Familienleben" mit diesen Vögeln, sind beim gemeinsamen Flug dabei und lernen ein aufregendes Projekt zum Schutz bedrohter Arten kennen.

▶ Vogelschutz als spannendes Abenteuer – eine unglaubliche Reise mit faszinierenden Luftaufnahmen

Christian Moullec
Mit den wilden Gänsen fliegen

126 Seiten
218 Farbfotos
gebunden mit Schutzumschlag

ISBN 3-440-08991-6

€ 29,90
€/A 30,80; sFr 50,20

Das verborgene Leben der Vögel kennen lernen – ist das überhaupt möglich? Das ist es, dank der Arbeit zweier Spitzenfotografen. Herausragende Aufnahmen geben einen Einblick in alle wichtigen Stationen im Vogelleben: von der Balzzeit über die Aufzucht der Jungen bis hin zur Jagd. Man nimmt am Familienleben der Vögel teil, wird Zeuge ihres Überlebenskampfes und folgt ihnen schließlich auf ihrem Zug in ferne Länder.

▶ Nie gesehene, verborgene Augenblicke aus der Welt der Vögel in phantastischen Aufnahmen

Jean-Francois Hellio/
Nicolas van Ingen
Die verborgene Welt der Vögel

176 Seiten
260 Farbfotos
gebunden mit Schutzumschlag

ISBN 3-440-09400-6

€ 34,90
€/A 35,90; sFr 57,70

Preisänderung vorbehalten

Wilde Tiere – eingefangen in meisterhaften Fotos

Auch wilde Löwenkinder gehen in die Schule! Die kleinen Raubkatzen lernen spielerisch, was für ihr Überleben in der Wildnis wichtig ist. Doch die Savannenlandschaft Afrikas ist auch die Heimat vieler anderer faszinierender Wildtiere. Hier wachsen Elefanten, Zebras und Geparden heren und erleben ihre Umwelt aus ganz unterschiedlichen Blickwinkeln. Die bekannten Naturfotografen Anup und Monoj Shah haben die wilden Großtiere Afrikas begleitet und ihr Heranwachsen in fantastischen Bildern dokumentiert.

▶ Faszinierender Bildband mit einzigartigen Tierfotos und einem Vorwort von Stefanie Zweig

Anup und Manoh Shah
Ungezähmtes Afrika

192 Seiten
über 150 Farbfotos
gebunden mit Schutzumschlag

ISBN 3-440-09452-9

€ 34,90
€/A 35,90; sFr 57,70

Als Sinnbilder urwüchsiger Kraft und Wildheit ziehen Wildschweine Jäger und Naturfreunde gleichermaßen in ihren Bann. Über viele Jahre hat der exzellente Wildtierfotograf Florian Möllers die urigsten Bewohner unserer Wildbahn mit der Kamera eingefangen. In brillanten Bildern und begleitenden Texten „erzählt" er über Wildschweine, ihre faszinierenden Eigenheiten und ihr verblüffendes Miteinander mit dem Menschen.

▶ Mit einem Vorwort von Forstmeister und Schwarzwild-Experte Norbert Happ

Florian Möllers
Wildschweine

144 Seiten
ca. 150 Farbfotos
gebunden mit Schutzumschlag

ISBN 3-440-09504-5

€ 34,90
€/A 35,90; sFr 57,70